T5-COD-637

L'agressivité

Du même auteur

Je comprends mon bébé, Balland/Jacob/Duvernet, 2002.

Confidences de parents, Robert Laffont, coll. Réponses, 2002.

Éloge des Mères, Robert Laffont, coll. Réponses, 2001.

Attendre mon enfant, aujourd'hui, Robert Laffont, 1re édit., 1995 ; 4e édit., 2001.

Élever mon enfant, aujourd'hui, Robert Laffont, 1re édit. 1995 ; 4e édit. 2001.

Eddy a peur du noir, etc., Nathan, coll. Croque la Vie, 2000.

L'enfant de l'autre, Robert Laffont, coll. Réponses, 2000.

Sages paroles d'enfant, Édition 1/ France Inter, 2000.

Itinéraire d'un nouveau-né, Marabout, 2000. (Préface par Françoise Dolto)

Le roi Bébé (album de naissance), Hachette, 1999.

Je soigne mon bébé, Balland/Jacob/Duvernet, 1999.

Mon bébé joue bien, Balland/Jacob/Duvernet, 1999.

Mon bébé devient propre, Balland/Jacob/Duvernet, 1999.

J'aide mon enfant à se concentrer, Fixot, coll. Réponses, 1999.

Mon bébé mange bien, Balland/Jacob/Duvernet, 1998.

Mon bébé dort bien, Balland/Jacob/Duvernet, 1998.

Pourquoi votre enfant est fan de Disney, Hachette, 1998.

Pourquoi tous les enfants aiment Mickey, Eshel, 1988.

Edwige Antier

L'agressivité

Bayard

Tous droits réservés. La loi du 11 mars 1957 interdit les copies ou reproductions destinées à une utilisation collective. Toute représentation ou reproduction intégrale ou partielle faite par quelque procédé que ce soit, sans le consentement de l'auteur et de l'éditeur, est illicite et constitue une contrefaçon sanctionnée par les articles 425 et suivants du Code pénal.

ISBN 2.227.06762.4
© Bayard, 2002
3 et 5 rue Bayard, 75008 Paris

Sommaire

Introduction 9

1. Certains fœtus déjà très actifs 13

2. Le premier cri, victoire ou violence? ... 17

3. Les premières pulsions vitales (0-3 mois) 25

4. L'âge béni (3-9 mois) 35

5. Les premières provocations (9-18 mois). 43

6. Mordre, pousser, frapper… ou bien parler (18 mois-3 ans) 49

7. Les gros mots (3-5 ans) 85

8. Les garçons et les filles 101

9. L'agressivité raisonnée (7-12 ans)........ 111

10. L'adolescence 127

11. L'agressivité et la séparation parentale   141

Conclusion 147

Introduction

L'agressivité fait partie de la condition humaine. Elle joue un grand rôle dans le développement de l'enfant. Un rôle aussi grand que l'amour. La violence intérieure donne l'énergie et la motivation nécessaires au dépassement de soi. Elle favorise la réussite tant qu'elle reste dans des limites contrôlées par l'enfant. L'éducation ne consiste donc pas à l'annihiler mais à la canaliser, pour mobiliser l'énergie au service d'objectifs positifs pous soi-même et pour les autres.

Les parents d'aujourd'hui ont tendance, à force de vouloir écouter leurs enfants, à confondre ce qui relève des besoins et ce qui relève des désirs. Autant il est indispensable de répondre aux besoins de nos enfants, à leurs besoins vitaux, aussi bien en matière de développement physique que psychique, autant il n'est pas souhaitable de satisfaire tous leurs désirs. Or, l'impression qu'il faut absolument exaucer chacun de ses désirs parce que nous voulons qu'il vive une enfance idyllique empêche de prendre une distance suffisante avec la frustration. Cette tendance a bien sûr été particulièrement encouragée par le slogan de Mai 68 : « Il est interdit d'interdire ! » Ainsi habitué à être exaucé dans toutes ses volontés, l'enfant devient violent lorsqu'un obstacle se dresse entre lui et ce qu'il désire. Il semble ne pas pouvoir maîtriser ses pulsions égoïstes et je vois de nombreux parents qui, après avoir été en extase devant leur charmant bébé pendant la première année de sa vie, consultent dès que leur enfant atteint l'âge d'1 an et jusqu'à son adolescence, complètement désemparés par son comportement aussi bien à la maison qu'à l'école.

Ces pauvres parents se sentent souvent responsables, se demandant en quoi ils ont échoué, alors que j'incriminerais bien plus les préceptes qui leur sont donnés, aussi bien par leur entourage familial et social que par les éducateurs, souvent par des psychologues, allant à l'encontre de l'apprentissage par l'enfant d'une vraie maîtrise de ses pulsions. Nous allons voir que c'est au contraire l'entourage de la famille et les acteurs éducatifs qui doivent reprendre une réflexion de fond pour ne pas encourager la violence en décrédibilisant les parents.

Pourquoi certains enfants sont-ils plus agressifs que d'autres ? Nous allons examiner comment le tempérament de l'enfant est façonné par l'hérédité, la vie prénatale et les interactions avec vous, ses parents, avec sa « nounou » et avec les éducatrices de la crèche comme de l'école.

Rien n'est plus éprouvant pour les parents que d'avoir affaire à un enfant coléreux, agressif et toujours grognon. Si nous comprenons l'origine neurophysiologique et les raisons affectives de ce mal-être, nous pourrons canaliser cette énergie pour la mettre au service de son développement émotionnel et de ses progrès.

1

Certains fœtus déjà très actifs

On a longtemps cru que la vie *in utero* était une bulle imperméable à l'extérieur, une poche secrète dans laquelle se déroulait une vie tranquille, une sorte de paradis perdu, si délicieusement aquatique que l'on a même rêvé de faire naître les bébés dans l'eau pour prolonger cet état idéal quasi divin. Mais en fait nous allons voir que, dans le ventre de sa mère déjà, le futur bébé s'inscrit dans l'environnement spécifique, physique et émotionnel de celle-ci.

Plus ou moins remuant

Il y a une grande différence d'un fœtus à l'autre. Le nombre de mouvements effectués par un fœtus par jour, comptés en échographie, est extrêmement variable. Certains bébés sont très paisibles et l'on peut observer moins d'une centaine de mouvements. D'autres sont extrêmement excités déjà et peuvent effectuer jusqu'à trois cents galipettes quotidiennes. Il apparaît ainsi des tempéraments différents sur lesquels la génétique joue certainement, et les mères elles-mêmes disent combien tel bébé faisait des bonds de cabri, qu'elles ressentaient en mettant les mains sur leur ventre, tandis que tel autre bougeait délicatement, doucement et beaucoup moins souvent.

Plus ou moins stressé

Les mères me demandent souvent aujourd'hui si, après une querelle conjugale ou un choc émotionnel, leur futur bébé ne risque pas d'être stressé, donc « nerveux ». Bien sûr, le fœtus *in utero* est soumis aux émotions maternelles, transmises par des hormones, comme les catécholamines ou les endorphines, qui traversent le placenta et le cordon ombilical et l'en imprègnent. Par ailleurs, les battements cardiaques de la mère et l'ensemble de ses mouvements peuvent traduire un état de tension ou de bien-être. Le stress *in utero* existe donc à l'évidence. L'on a même prouvé aujourd'hui que le fœtus a des capacités de mémorisation des événements ressentis.

En même temps, on ne peut pas dire que toute altercation ni que tous les soucis vécus par une femme pendant sa grossesse vont « traumatiser » son futur bébé. Un fœtus a besoin de se sentir dans un environnement vivant, animé de tous les mouvements de la vie. Ce qui est traumatisant pour lui sur le plan psychique, ce sont les états dépressifs maternels, par exemple lorsque, lâchée par son compagnon ou pour d'autres raisons, la mère n'arrive pas à concevoir cet enfant comme réel et ne projette pas de désir sur lui. Alors, au contraire, l'ambiance est plutôt plate et triste, et ce contexte ne stimule pas la vie psychique du futur bébé, déjà très réceptif.

L'imaginaire parental

Il est de plus en plus évident dans notre pratique de pédiatre que les angoisses projetées par les parents sur le bébé à venir vont agir sur son tempérament. On constate que, dès la naissance, certains bébés ont du mal à s'apaiser, à devenir sereins. Ils paraîtront excités, agitation qui agressera la nouvelle maman. Il est par exemple frappant – après un long moment de confidence avec la mère lui permettant d'exprimer les difficultés qu'elle a eues à concevoir ce bébé et à se projeter dans le futur avec lui, ses peurs par rapport au désinvestissement de son compagnon – de voir à quel point ces angoisses peuvent entraîner chez l'enfant un comportement extrêmement excitable dès la naissance. C'est pourquoi il est important d'entourer une femme enceinte en sachant bien que ce n'est pas parce qu'elle attend un bébé qu'elle est automatiquement au comble du bonheur. Même si ses émotions sont parfois difficilement exprimables.

Le soutien psychologique anténatal

Lorsqu'une future maman a une tendance aux pleurs fréquents, connaît une situation conjugale difficile, a eu des antécédents de grossesse dramatiques ou a de mauvais rapports avec sa propre mère, un soutien psychologique sera bénéfique : se confier, pouvoir partager ses angoisses avec une personne bienveillante, mais en dehors du cadre familial, est même alors indispensable pour préparer la venue d'un bébé dans les meilleures conditions psychiques.

L'haptonomie

L'haptonomie consiste en une rencontre par les mains entre la mère, le père et le fœtus. Cet échange pense apporter une connaissance affective réciproque anténatale. Il est en effet frappant de voir combien les bébés nés d'une grossesse suivie par haptonomie sont plus souriants et sereins que les autres, que ce soit grâce à la technique elle-même ou à l'état d'esprit des parents qui les pousse à la demander…

2

Le premier cri

Le cri est la seule méthode qu'un nouveau-né a à sa portée pour dire qu'il ne va pas bien. La violence de ce cri n'est pas le fait des parents, car tout nouveau-né a en lui une part de violence vitale qui lui est absolument nécessaire. Cette violence est indispensable à sa survie. Mais elle agressera autrui si on ne lui répond pas de façon adéquate et si on ne l'interprète pas à bon escient dès les premiers jours.

Violence ou appel ?

Aussitôt le cordon coupé, le premier devoir du nouveau-né est de pousser un grand cri. C'est bien un véritable « devoir » qui a fait évoquer une violence de la naissance infligée aux nouveau-nés. Certains se sont pris à rêver d'atténuer ce changement si brutal entre le monde interne maternel, répondant à tous les besoins, et le monde externe où le bébé va devoir réclamer. En même temps, les parents, instinctivement, attendent avec impatience ce cri et l'espèrent vigoureux, car ils le perçoivent bien comme un cri de victoire pour la vie et non comme un cri de violence. Le fœtus recevait l'oxygène nécessaire à ses organes par le sang du cordon, renouvelé grâce aux poumons maternels. Il ne respirait pas. Quand le cordon est coupé, il lui faut inhaler l'oxygène de l'air, donc, comme un soufflet, emplir brutalement ses poumons. Et c'est l'air ensuite chassé du soufflet qui produit le cri, par sa sortie entre les cordes vocales. Le cri signe que le bébé a bien respiré et s'est bien oxygéné, qu'il est apte à vivre en milieu gazeux. Les parents ont donc raison de le considérer comme un cri de vie : « Eurêka ! », et non comme un cri de souffrance.

Mais aussitôt ce cri poussé, le bébé doit s'adapter à un autre changement brutal d'environnement, physique cette fois-ci et pas seulement gazeux : son corps n'est plus enroulé en flexion par l'utérus contenant. Voilà pourquoi déposer le nouveau-né le plus rapidement possible dans les bras maternels, qui reforment l'enveloppe, toute chaude, est le meilleur moyen d'apaisement possible. Ainsi, dès sa naissance, plus l'enfant se sent accompagné, contenu par les intervenants extérieurs, au premier plan par ses parents, moins il aura besoin de développer un comportement agressif pour réclamer ce soutien si nécessaire.

Des bébés déjà si différents

Il est frappant, lorsque je fais ma visite à la maternité, de voir combien certains bébés sont toujours paisibles, gratifiants pour leur mère par leur état de bien-être, et combien d'autres sont d'emblée vécus comme l'agressant par un cri suraigu, paraissant toujours insatisfaits, hurlants, transpirants, cramoisis, animés d'une gesticulation des membres, de trémulations du menton, mettant leur mère dans un état de malaise tel qu'elle se sent d'emblée incompétente : « Pourquoi mon nouveau-né m'agresse-t-il par ses cris stridents ; et pourquoi moi, sa mère, suis-je incapable de l'apaiser ? » Ainsi, comme on l'entend très facilement, on colle des étiquettes aux bébés : « Oh ! Celui-là, il est nerveux comme l'oncle Jules ! » ou : « Celui-là, ce ne sera pas un facile ! » Devant le visage griffé par les petits ongles, ce ne sont pas des gants qui offrent la juste réponse à cette agressivité venue du dedans. Bébé exprime un manque d'enveloppe charnelle, et un manque de lait : c'est par une bonne interprétation et une réponse ajustée, non par la contention de ses mains par de petits gants, que l'on évitera qu'il devienne agressif.

T. Berry Brazelton, le pédiatre américain, a montré combien, dès la naissance, les nouveau-nés avaient des capacités différentes de réaction au stress. Certains ont une hypersensibilité perceptive de base qui les rend extrêmement réactifs à toute stimulation extérieure et ils peuvent se laisser déborder par leurs réactions, n'arrivant plus à limiter leurs cris. Le moindre stimulus est agressif pour eux. Alors que d'autres sont plus doués pour décoder l'information qui leur parvient par l'un de leurs cinq sens et arrivent, avec une grande virtuosité au contrôle de leurs gestes et à la maîtrise de leurs réactions. Cette différence est telle que ce pédiatre a introduit de façon internationale « l'échelle de Brazelton », bien précieuse dans les maternités, qui permet d'évaluer la capacité de certains bébés à réagir au stress. Mais, même s'il est des tempéraments différents, la façon qu'à l'adulte de répondre au bébé conditionne son besoin de se manifester avec agressivité ou, au contraire, avec sérénité.

L'interprétation des parents

Le développement précoce d'un tempérament paisible ou agressif dépend de l'interprétation que l'on va faire des cris du bébé. Si, comme on l'a vu plus haut, on lui colle rapidement une étiquette : « Il est nerveux », l'enfant estime très vite que sa violence est nécessaire à sa relation avec l'autre et se conforme à la prédiction. Or, le plus souvent, cette revendication bruyante, avec cris, éructations, tortillements, rougeur du visage, agitation de tout le corps, est l'expression d'un vrai besoin. Il suffit de prendre l'enfant et de le mettre au sein de sa mère pour qu'il se calme : en quelques minutes on voit son teint redevenir normal, ses petites mains s'ouvrir et se détendre. Pourtant, sa mère déclare souvent : « Ce n'est pas l'heure, il vient de téter, donc je n'ai plus de lait. » Cette croyance occidentale qu'il faudrait que le bébé soit réglé, et que la tétée ait une durée limitée parvenant à satisfaire ses besoins pour trois heures, est un grand malentendu entre les mères et les bébés, malentendu qui oblige les bébés à une virulence dans leur comportement, poussant ainsi leur mère à enfreindre la règle qu'elle, ou le personnel paramédical, a voulu imposer. Ainsi, les interprétations erronées des parents, souvent encouragées par des dogmes venus de l'entourage, engendrent dès les premiers jours l'agressivité chez l'enfant.

Le bébé n'est pas en terrain neutre. Vous l'aidez, bien sûr, chacun des parents, mais vous avez vous-mêmes, par le souvenir de votre propre enfance, par la comparaison avec ce qui se passe chez des amis, des projets par rapport à lui. Et, dès sa naissance, vous risquez d'être trop contraignants par crainte de ne pas le

« régler » – ce mot n'est pas loin de « dresser ». L'enfant répondra aux contraintes que vous voulez lui imposer par un comportement violent, même s'il paraît difficile d'utiliser le terme « violence » à propos des cris du bébé. Car il est certain que rien n'est plus insupportable que ces cris, seul outil mis à sa disposition pour clamer son mal-être... et survivre !

Le poids des premiers mots

Dès ses premiers jours de vie, le nouveau-né comprend ce que lui disent ses parents et, particulièrement, sa mère. Lorsque Françoise Dolto l'affirmait, il y a une vingtaine d'années, on en doutait beaucoup, il n'y avait pas de preuves. Mais elle fut une réelle visionnaire, puisqu'aujourd'hui, en enregistrant les battements cardiaques des nouveau-nés dans la chambre de leur mère, on peut montrer qu'ils réagissent aux propos maternels au ton si particulier, répétitif, tendre et aigu, et à leur contenu émotionnel. On peut ainsi concevoir les influences de l'environnement sur le comportement d'un bébé auquel on s'adresse peu, parce que la mère n'aurait pas assez de temps pour se pencher sur le berceau, pour prendre le bébé contre elle et lui parler doucement, ce qui arrive lorsqu'elle est dépressive ou bien accaparée par des soucis conjugaux, des relations difficiles avec sa propre mère, des difficultés professionnelles... On ne dira jamais assez combien sont préjudiciables le bruit strident et répété de la sonnerie du téléphone et les visites envahissantes, fatiguant la mère et la limitant dans son désir intime de mettre son bébé au sein, et combien cette atmosphère, qui stresse plus qu'elle n'aide, peut agir sur le caractère du bébé, qui ne pourra se manifester qu'en poussant des cris intenses et continus. Une fois que son énergie aura débordé, il aura beaucoup de mal à se ramasser sur lui-même et, la crise installée, même la tétée et le bercement pourront tarder à être efficaces. Alors on dira que l'on a un bébé coléreux. Combien de fois les puéricultrices se plaignent d'un défilé incessant de visites dans une chambre, et de l'énervement des nouveau-nés le soir !

Les bonnes attitudes

– Enveloppez l'enfant dès sa naissance. L'enveloppe protectrice sera faite par les bras maternels ou paternels, par le peau à peau, par la lumière tamisée, par la tétée de lait vite donnée, dès que bébé cherche avec ses lèvres la chaleur tiède du sein.

– Évitez les séparations mère-bébé : demandez bien à garder le plus possible le nouveau-né dans votre chambre, y compris la nuit ; n'hésitez pas à lui donner à téter couchée dans votre lit et, si vous vous endormez, sachez que vous ne risquez pas de l'étouffer. Cette douceur de vivre, dès les premiers jours, favorise les tempéraments sereins et optimistes.

– Cherchez une bonne réponse aux cris du bébé, au lieu de lui prêter un caractère venant de la famille et de projeter sur lui les ressentiments que vous avez eus contre tel ou tel oncle. Mieux vaut se dire : « Quel est son besoin pour qu'il m'agresse par un comportement aussi violent, dès le début de sa vie ? »

Le rôle du père

Le rôle du père est fondamental, non pas pour qu'il devienne une « mère *bis* » mais pour qu'il « empêche quiconque de s'immiscer entre la mère et son bébé », selon la formule du pédiatre et psychanalyste D. W. Winnicott. Il sera votre soutien, celui qui saura, par exemple, mettre les visiteurs dehors lorsque vous êtes fatiguée, ou demander à votre belle-mère de ne pas raconter pendant des heures son propre accouchement, ce qui est insupportable au bébé comme à vous et risque de le rendre agressif.

3

Les premières pulsions vitales (0-3 mois)

Votre bébé est une véritable boule d'énergie. Il est impressionnant de voir la vigueur avec laquelle il peut appeler ou se débattre lorsqu'il veut dire ses besoins. C'est là le principe même de la vie. Lui qui était, *in utero,* nourri en continu par le cordon, le voilà qui doit maintenant passer par des phases de remplissage sécurisant grâce à la tétée, puis de vide avec la sensation de faim. Seule la force de son cri agressif lui offre la garantie que l'on va se distraire de notre conversation, de notre activité, de notre repos pour lui offrir le lait et l'attention dont il a besoin. Il faut donc savoir que la violence est interne à tout être humain ; elle lui est nécessaire dès qu'il vient au monde, même si elle peut vous paraître étrange, vous qui imaginiez voir un nouveau-né comme un ange, ces petits chérubins si souriants ornant les frontons de nos cathédrales. Oui, les nourrissons ont des pulsions agressives, des pulsions de vie.

Les premières tétées : un petit vampire

Les images des bébés au sein de leur mère sont si belles et douces que vous ne vous attendez pas aux puissantes succions qu'ont certains bébés particulièrement vigoureux. Comme me le disait une jeune maman suédoise : « J'ai mal à mes écrevisses. » Il faut avoir allaité pour savoir la puissance du pinçon aspirant que peuvent faire les lèvres d'un bébé ayant faim. On ne s'étonne donc pas de ce que parfois l'on voit sortir du lait mêlé d'un peu de sang, sang que régurgitera ensuite le bébé sur son petit drap. Et certaines mauvaises conseillères préconiseront d'arrêter l'allaitement, alors que le sang n'est pas du tout dangereux pour le bébé. Mais, évidemment, c'est une image stupéfiante pour de jeunes parents qui voyaient dans leur nouveau-né un symbole de douceur. Le bébé n'est bien sûr en rien responsable de la force de ses besoins et de la puissance de ses tétées, ainsi que de la fragilité de vos seins, d'autant plus sensibles que l'on a aujourd'hui peu d'enfants. Mais c'est peu de dire comme, devant ces douleurs, ces saignements et ces crevasses, certaines mères peuvent alors ressentir un rejet de leur bébé, et vouloir d'urgence arrêter l'allaitement. Les préparer à cette violence possible des succions avant la naissance, c'est déjà ne pas rendre l'enfant coupable puisque, avant même de le connaître, on sait que cela peut arriver. Alors la mère portera un autre regard sur son nouveau-né ; et l'équipe médicale, attentive à protéger ses seins de la douleur et des petites blessures que son bébé peut leur infliger, lui permettra de passer le cap des premiers jours, pour vivre ensuite un allaitement tout en complicité avec lui.

Camille

La maman de Camille se faisait une joie d'allaiter : le bonheur de la relation mère-enfant, le bienfait de l'allaitement pour le bébé, le plaisir quasi érotique des tétées, elle avait tout lu sur l'allaitement maternel. Mais voilà... le bébé tétait si voracement que je la trouvai en pleurs sur son lit de maternité, prête à arrêter. Il avait rejeté un peu de sang le matin sur son drap et la puéricultrice avait expliqué que cela venait du mamelon qui saignait. Le bébé hurlait à côté du lit, mais sa mère ne le prenait pas :

« Docteur, c'est affreux ! On dirait un vampire ! Il tète si fort qu'il me fait saigner les seins. Et il en veut encore ! Moi, je ne peux plus ! Emmenez-le et faites-lui donner un biberon !

– Mais nous pouvons mettre des protège-seins en silicone, pour que vous n'ayez pas mal... »

L'AGRESSIVITÉ

J'appelai l'auxiliaire pour qu'elle emmène le bébé, mais lui demandai de ne le calmer qu'avec un peu d'eau.

« Ce n'est pas la peine d'espérer que je lui donne le sein. C'est Gargantua, ce bébé ! »
Elle pleurait. La douleur, la frayeur de voir les filets de sang l'éloignaient de son fils. Je la rassurai :
« Mais oui, il n'y a aucun problème, si l'eau ne le console pas, nous lui donnerons du lait au biberon.
Le bébé parti, je m'assis au bord du lit.
– Vous ne vous attendiez pas à un tel tempérament...
– D'abord, je voulais une fille. Je n'ai pas demandé son sexe à l'échographie, mais j'espérais une fille. Pas un cannibale !
– C'est pour ça que vous l'avez appelé Camille ?
– Oui. Mais c'est aussi un prénom de garçon, n'est-ce pas ?
– Il faut vraiment qu'il se manifeste, pour exister auprès de vous, après cette déception !
– Eh bien, c'est raté. Au contraire, ça me donne envie de ne plus le voir !
– Mais comment peut-il vous dire : "Je suis là, bien vif", si ce n'est avec sa bouche ? Il est très malin, ce petit ! »
Pour la première fois, elle dirigea son regard vers le berceau. Je suggérai :
« On va le chercher ?

– Vous croyez qu'il est calmé ?
– Sûrement, s'il nous a entendues… »
Elle sourit à travers ses larmes. Quand le bébé revint, elle était prête à essayer le bout de sein.

Les nouveau-nés ont en effet une vigueur extraordinaire pour s'accrocher à la vie. Si la mère prend ces appels pour les signes d'une agressivité dirigée contre elle, le bébé peut se trouver obligé de développer ce registre violent. Alors que si vous lui faites confiance, il s'apaise bientôt…

Les coliques et les pleurs

Les coliques du nouveau-né sont votre objet de plainte le plus fréquent pendant les trois premiers mois. Vous avez l'impression de ne pas arriver à apaiser ce bébé qui semble avoir si mal au ventre, avec des pleurs continus parfois pendant deux heures, deux heures et demie, que rien ne peut consoler, accompagnés de régurgitations et d'émissions de gaz. Vous désespérez de votre allaitement, essayez des laits « bios », des laits de soja, des laits épaissis… Mais bien souvent ces pleurs ne se calmeront qu'aux trois mois révolus, vous laissant, les deux parents, sur les rotules, d'autant plus que ces crises perturbent vos soirées. On est étonné de la capacité de résistance et de nuisance à l'équilibre du couple qui peut être contenue dans un si petit nourrisson.

Il faut savoir que la violence des cris de votre bébé correspond toujours à un réel besoin. N'écoutez pas ceux qui vous diront : « Tu le prends trop, tu lui donnes trop de lait, tu le rends capricieux, il faut qu'il se fasse les poumons. » Au contraire, il faut tout faire pour lui répondre, montrer que vous êtes là, le bercer, le nourrir à chaque pleur, c'est la seule réponse. Votre comportement permet alors au bébé de trouver petit à petit son identité, de savoir qui il est, par rapport à vous, par rapport au monde environnant, de savoir qu'il y a autour de lui des personnes bienfaisantes, qui partagent sa recherche d'équilibre. Au lieu de le laisser seul et perdu, dans sa chambre, porte fermée, vous faites alliance à ce moment-là avec lui pour répondre à ses demandes ; vous lui permettez de se sentir un être humain, en harmonie avec ses parents. Mettez des mots sur ses douleurs : « Oui, mon bébé, je vois que tu as mal au ventre. On va peut-être essayer une petite tétée. » Si bébé refuse et s'arc-boute, le porter, le bercer permettra d'apaiser cette énergie qui fuse dans tous les sens et lui donnera confiance dans la personne la plus importante de toute sa vie : sa mère. Je ne dirai jamais assez combien je regrette que les berceaux d'aujourd'hui ne bercent plus, que l'on n'utilise pas suffisamment les hamacs et les porte-bébés à l'intérieur même de la maison. N'écoutez pas les grincheux qui vous diront que vous allez le rendre tyrannique ! C'est le contraire qui se produira. Répondre aux besoins de votre bébé le rendra solidaire de vous et attaché à respecter vos propres demandes. C'est donc dès ses premières coliques, par votre attention, que vous éduquez l'enfant à ne pas devenir violent. Ainsi, votre bébé comprendra comment, par ses appels, par ses cris signalant son inconfort, il obtient immédiatement votre présence et votre réponse. Même si vous n'arrivez pas tout de suite à trouver la solution et à le calmer, cette fusion avec sa mère bienfaisante, ou avec son père, calme et protecteur, lui permettra de ne pas cultiver un mode de relation agressif. Ce n'est pas parce que vous allez le laisser crier jusqu'à extinction des feux que vous allez diminuer sa violence. C'est au contraire parce que vous allez répondre à ses besoins qu'il ne cultivera pas ce registre de cris persistants pour communiquer avec vous.

La dépendance

On ne dira jamais assez combien votre bébé est totalement dépendant de vous pendant ses premiers mois. Il ne sait pas qui il est ; il ne sait même pas qu'il est un être humain ; il ne sait pas qu'il a des pieds. Il a simplement des sens qui essayent de capter quelle réponse on donne à ses besoins. Besoin de lait, besoin d'amour, besoin de paroles, besoin de partage.

Si vous le privez de ces secours que représentent le bercement, le lait et les mots, si votre disponibilité n'est pas totale pendant ses premiers mois, il développera un registre violent : déjà vous lui inculquerez la notion que le monde est cruel et que, donc, il faut être soi-même dur.

Si, au contraire, vous répondez à ses appels, vous ne le rendez pas capricieux, vous lui donnez confiance dans l'amour de ses parents ; pas forcément dans leur capacité à tout résoudre, mais dans leur capacité à tout partager, à partager ses émotions, à chercher à le comprendre. C'est déjà un début de solution. Et alors, bébé a bien moins besoin de développer le registre de l'agressivité pour se faire entendre.

Le rôle du père

Il faut insister sur l'importance du rôle du père dans cette période.

Si vous avez un compagnon vite irascible, par le fait que, rentré de son travail, il n'arrive pas à passer une soirée paisible avec sa femme, le bébé l'agressant par ses crises de coliques vespérales, vous serez d'autant plus déprimée et écartelée entre le bien-être à apporter à votre enfant et la revendication de son père.

Si, au contraire, votre compagnon comprend les appels du bébé et votre besoin instinctif de vous accorder minute après minute à ses appels, vous serez alors beaucoup plus disponible pour le bébé, et lui donnerez une grande confiance en ses deux parents. Car le bébé se rend compte que la mère est soutenue par un homme solidaire, son père. À ce moment très précoce, là, naît l'admiration pour ce père qui soutient la mère dans sa quête de réponses ; et ce père a alors, si tôt, déjà conquis une autorité naturelle sur son enfant, fondée sur l'admiration et la confiance que bébé ressent déjà pour lui.

La tétine : une fausse solution

Les parents sont de plus en plus nombreux à chercher par la tétine à calmer les pleurs qui les agressent, et ce d'autant plus qu'on s'est répandu sur les soi-disant besoins de succion non nutritive du bébé. Il est vrai que, dans un premier temps, la succion calme l'enfant et éteint ses cris, ce qui est bien commode pour vous laisser dîner tranquillement. Mais ce rôle de bouchon supposé faire taire la violence du cri est à double tranchant. Le bébé apprend à apaiser ses tensions intérieures uniquement par la bouche, la bouche fermée, la bouche qui tète pour ne pas perdre cette espèce de prothèse à l'amour qu'est la tétine. Progressivement, il s'accrochera à cette réponse permanente, à ce calmant de ses besoins, et cela freinera sa communication. Combien je vois de bébés se réveiller plusieurs fois par nuit parce qu'ils ont perdu leur tétine ; venir la remettre devient d'une extrême pénibilité pour les parents. Plus grand, il tète sa tétine et s'empêche de parler pour ne pas avoir à la chercher, alors qu'il veut avoir les deux mains libres pour jouer. Ainsi il n'exprime pas ses besoins et apaise sa violence intérieure par un moyen très factice. La tétine n'est donc une bonne solution qu'à court terme.

Mais une fois que bébé y sera habitué, il sera bien difficile de la lui supprimer. Certaines d'entre vous me disent : « Mais il ne trouve pas son pouce ! » Évidemment, le pouce a l'avantage d'être en permanence à portée de la bouche, et ne déforme pas plus les gencives que la tétine. Si votre bébé ne trouve pas son pouce, c'est justement parce qu'il n'a pas besoin de succion non nutritive, mais d'un vrai biberon de lait, du sein, d'être bercé, porté, de recevoir votre sourire et vos paroles.

4

L'âge béni (3-9 mois)

C'est l'âge de la plus grande douceur, de la plus grande joie de vivre, l'âge « du photographe » comme on l'appelle, tant bébé est facilement souriant avec autrui. Il se croit en symbiose totale et ne sait pas encore qu'il est un individu séparé de vous. Aussi ne perçoit-il pas d'angoisses conscientes qui pourraient le rendre agressif, mais vit-il simplement en observation intense de son environnement, animé d'un désir d'échanges même s'il sait ce qu'il veut !

> *Attention : ne secouez jamais un bébé !*
>
> Si, énervé par les cris du bébé, ses exigences permanentes, on le prend par les épaules et on le secoue pour lui intimer l'ordre de se calmer, cela peut provoquer de graves hémorragies cérébrales. Rien que dans un seul grand service de neurochirurgie infantile pari-

sien, on reçoit ainsi en moyenne chaque semaine cinq nourrissons atteints du « syndrome du bébé secoué ». Ces hémorragies laissent souvent de graves séquelles, quand elles n'emportent pas l'enfant en quelques heures ou jours après un coma. Il ne faut donc jamais secouer un bébé. Si vous êtes épuisés et si vous ne pouvez répondre à ses incessantes sollicitations, il faut savoir vous calmer, vous faire aider. C'est pourquoi, lorsque l'on est assistante maternelle, faire partie d'un réseau que l'on peut appeler chaque fois que l'on est désemparée devant les cris d'un bébé est toujours éminemment nécessaire.

Le sourire, les éclats de rire, la découverte de soi

Cette période est essentielle pour favoriser chez l'enfant une bonne découverte de soi et une confiance dans les autres permettant de prévenir l'agressivité. Bébé a avant tout besoin de se sentir aimé. Votre admiration à chacun de ses progrès le protège contre l'angoisse. En jouant avec lui, en vous penchant sur lui, en lui parlant, vous mettez des mots sur les actes ; bébé, à cet âge, est toujours très réceptif aux messages d'amour, à votre ton, à la mélodie de vos phrases, même s'il ne comprend pas encore le sens exact des mots. Ce début de communication par les vocalises lui permet de contenir sa violence intérieure, la violence de ses pulsions. Maintenant, lorsqu'il crie parce qu'il a faim, vous pouvez, en prenant un jouet et en inventant une saynète avec ce jouet, mobiliser son attention et lui permettre de contenir un peu sa pulsion de faim. Le cri s'arrête et le bébé apprend à patienter pendant que l'on prépare son biberon. Le programme humain est si bien fait que les sourires et la facilité avec laquelle bébé éclate de rire, appellent les adultes à se pencher vers lui, à lui sourire en échange, les incitent à le faire se réjouir. Ainsi apprend-il à diriger ses pulsions vers la communication.

Dans ces échanges, nous voyons qu'il y a des enfants déjà très différents. Certains bébés savent lire facilement les expressions du visage de leur mère ; pour d'autres il sera difficile de les interpréter, ceux-là seront donc moins vite rassurés par ses expressions tendres.

Ainsi, au début, le petit enfant communique principalement de façon non verbale, mais il est déjà capable d'engager un riche dialogue, fait de sourires, de froncements de sourcils, bientôt de doigts pointés, de gesticulations, de vocalises et de pleurs. À ce stade de son développement, il a une pensée avant tout émotionnelle.

Les bonnes attitudes

N'ayez pas peur de rendre votre enfant « capricieux ». Jouez avec lui, accompagnez ses demandes et répondez-lui, parlez-lui, portez-le encore beaucoup. Il n'y a pas, à cet âge, de mauvaises intentions ni de tendances aux caprices. Il n'y a qu'un désir de s'éveiller, qui sera d'autant plus grand que vous aurez montré à votre enfant une image positive du premier intervenant qui compte pour lui : sa mère.

Les bras tendus : le prendre ?

Votre bébé, prenant goût aux échanges ludiques avec ses parents, vous tend les bras alors qu'il est assis sur son tapis ou dans son petit fauteuil. Or, combien de personnes autour de vous diront : « Mais ne le prends pas tout le temps, il faut qu'il apprenne à jouer tout seul ! » Cela est cruel, et source d'agressivité chez l'enfant car, lorsqu'on ne met pas de mots sur ses désirs, lorsqu'on ne fait pas diversion à ses petits mal-être, il apprend à s'exprimer par des cris et commence à faire des colères beaucoup plus tôt qu'un autre. Évidemment, l'attitude que je suggère demande une disponibilité permanente. Mais les enfants les plus portés, ceux avec qui l'on parle le plus, avec qui l'on joue, seront ensuite les plus sociables.

Or, ces bras tendus peuvent être perçus différemment selon le caractère plus ou moins réceptif des parents. Comme l'explique le psychologue américain Stanley Greenspan[1], « le père ou la mère, s'il est distant et irritable, pourra considérer comme une forme d'agression l'enfant qui cherche à ce qu'on le prenne dans les bras. Dans ce cas, il (ou elle) risque de dire : "Laisse-moi tranquille" et l'enfant déconcerté se repliera sur lui-même en se demandant : "Est-ce que c'est vilain de demander des câlins ?" Si la frustration de l'enfant s'accumule et s'il perd toute confiance en ses parents, il risque d'adopter un comportement incohérent et agressif. »

Le jet d'objets

Alors qu'à 5 mois votre bébé prend les jouets et les porte à sa bouche pour satisfaire ainsi ses zones de plaisir buccal, vers le septième mois, le voilà qui prend plaisir à jeter les objets que vous lui proposez. Il les regarde tomber et s'attend bien naturellement à ce que vous les ramassiez pour que le jeu recommence. Les parents interprètent souvent ce jet comme une interpellation

---

1. Stanley Greenspan, *Enfant difficile, enfant prometteur*, J.C. Lattès, Paris, 1996.

agressive de l'enfant : « Il te manipule, il te fait tourner en bourrique, ne ramasse pas ses jouets », dit-on autour de vous. En réalité, il n'en est rien. L'enfant explore l'espace : maintenant qu'il commence à découvrir qu'il est un être fini, avec des pieds, qu'il peut voir et toucher, il prospecte grâce aux objets jetés la profondeur de son environnement et regarde où cela s'arrête. Il fait la même investigation que vous au bord d'un puits, lorsque vous jetez un caillou pour essayer de voir s'il y a de l'eau au fond, et quelle en est la profondeur. Si vous ramassez l'objet, l'enfant se sent accompagné dans ses découvertes et peut prospecter l'univers avec l'aide de sa mère ou de son père, ou encore de sa nounou. Si vous le grondez en lui interdisant de jeter, c'est là un malentendu total car il n'y avait pas de mauvaise intention de sa part. Par contre, il apprend que le jet d'objets peut contenir une intention agressive envers l'autre et alors, petit à petit, il le renouvellera délibérément. Ainsi lui aurez-vous appris l'agressivité par la gronderie.

À ne pas faire

Un parent nocif est celui qui joue déjà avec bébé à exercer son pouvoir, par exemple en se moquant de sa naïveté, en lui tendant un jouet pour le retirer aussitôt ou en lui faisant peur. Ce comportement moral sadique détruit la confiance du bébé en l'adulte. Bébé devient alors inquiet par rapport à autrui, par rapport à ce que l'on pourrait lui faire, et développe un comportement de défense qui le rend agressif. Vous devez donc éviter de faire peur à un enfant, et ce d'autant plus qu'il est tout petit et qu'il ne peut pas comprendre votre humeur. Quant à la dérision, c'est un humour propre à l'adulte, extrêmement nocif pour le psychisme du jeune enfant.

La sécurité affective que ressent le bébé avec ses parents est indispensable à sa construction psychique.

Le rôle du père

Pour un bébé de cet âge, l'adage dit : « Maman est aux affaires et papa est au jeu. » La mère est particulièrement réceptive aux besoins vitaux, tels que la nourriture, le bercement, l'endormissement ; le père est généralement plus joueur. D'une façon bien à lui, il apprend à bébé à découvrir son corps par des chatouilles, des tourneboulés qui provoquent des éclats de rire, tandis que la mère s'exclame : « Fais attention ! » en modérant la vigueur paternelle. Ce duo permet à l'enfant de s'identifier déjà, en tant que garçon ou fille, à l'un de ses deux parents, si différents dans leurs attentions.

Quand on observe la manipulation des jouets, la mère et le père ont chacun un comportement bien différent :

– la mère va regarder son bébé face à face et lui parler, tandis que le jouet n'est qu'un intermédiaire entre eux deux ;
– le père se positionnera plus volontiers latéralement et présentera le jouet en face. Il émettra plus des onomatopées que des mots vraiment signifiants et cherchera à provoquer des réactions vigoureuses chez son enfant. Ainsi le jeu avec le père, et même le change ou tout acte en apparence de simple soin, sont en fait beaucoup plus ludiques qu'avec la mère, qui, elle, est plus active dans le registre de la communication.

5
Les premières provocations (9-18 mois)

À partir de la marche, l'enfant entre dans cette période d'opposition à vos désirs qui entraînent vos premiers « Non ! ».

La naissance des interdits

Dès que bébé arrive à se déplacer, soit en rampant soit à quatre pattes, puis très vite debout, il étend son champ d'investigation et commence à transgresser les interdits. Non pas par mauvaise intention, mais tout simplement par appétit de découverte et désir d'expérimenter. Mais alors, en tant que parents, vous changez spontanément d'attitude : après avoir encouragé chaque progrès de votre enfant et les avoir accompagnés, petit à petit, vous vous surprenez à dire de plus en plus souvent « Non ! ».

Vous devenez celui ou celle qui limite le champ d'action de l'enfant et vous allez petit à petit provoquer sa colère. Pourtant, il s'entête dans le désir d'exploration, d'autant plus que son cerveau est en appétit de découverte permanente et a besoin d'appréhender le monde. Aussi ce qu'on appelle « caprice » n'est en fait qu'une expression de ses frustrations. Mais c'est déjà une forme de violence contre votre volonté et les mois qui vont suivre seront consacrés à découvrir qu'il y a deux lois : celle qui gouverne les désirs de l'enfant et celle qui est imposée par les parents.

Cette confrontation conduit à une prise de conscience par l'enfant qu'il est un individu à part entière. Il s'exerce lui-même à dire « non » délibérément et systématiquement à vos demandes pour bien signifier qu'il est « autre ». Vous êtes alors décontenancés car vous auriez bien voulu élever votre enfant dans un paradis sans frustration. Mais cela est impossible. Il y a forcément la confrontation de deux sphères de désirs : les siens et les vôtres. Vous ne devez pas vous affoler du fait que votre bébé est sans arrêt dans la confrontation. Vous allez petit à petit parvenir à lui apprendre qu'il n'est pas un méchant enfant, coupable de désirer transgresser vos interdits. Il doit percevoir que vous concevez cette recherche comme tout à fait normale pour un bébé. Mais vos désirs de parents sont tout à fait normaux aussi, et trouver un compromis entre ses désirs et votre loi est nécessaire pour grandir.

Au début, bébé sera interloqué de vous voir vous opposer à ses désirs, après que vous les avez si bien accompagnés pendant la première année. Mais à cet âge, vos refus deviennent constructifs car ils permettent à l'enfant de se concevoir comme autre par rapport à vous et d'apprendre à contenir son énergie lorsque, contrarié, il découvre que ses parents ont une autre loi que la sienne, loi qui doit être respectée parce qu'ils sont plus savants que lui sur le monde.

Les refus alimentaires

Le refus de manger est la première arme dont dispose votre enfant pour s'opposer à vos désirs. C'est un moyen extrêmement violent : rien n'est plus douloureux pour une mère que de ne pas parvenir à nourrir son enfant. Ainsi bébé peut-il fermer délibérément ses lèvres sur la cuiller pleine de légumes. Dans ce cas, il faut vous poser la question de savoir si vos principes éducatifs ne sont pas trop rigides et si vous n'êtes pas trop pressée d'introduire des aliments variés et des repas à la cuiller. Il est important de ne pas s'entêter, ce qui exercerait l'enfant à s'opposer de plus en plus. Et cela deviendrait pour lui un jeu de vous faire en retour souffrir au moment des repas. Mieux vaut donc ne pas exprimer de désappointement et prendre gentiment votre enfant dans vos bras pour lui proposer de remplacer le repas par un biberon. À cet âge de tous les progrès, téter du lait est bien souvent rassurant, et un enfant qui serait nourri dans sa deuxième année par un grand biberon de lait le matin et le soir n'aurait guère besoin d'avaler de vrais repas complets à midi et à 4 heures. Vous pouvez dès lors lui proposer une alimentation plus solide uniquement pour l'amuser et sans insister.

Il arrive que les bébés fassent une véritable anorexie, refusant même les biberons et perdant du poids. C'est alors un signe de désarroi très important et une hospitalisation avec soutien psychologique de la mère et de l'enfant peut être nécessaire. Cette anorexie du nourrisson est l'expression d'une rage envers ses parents, retournée contre soi. Il faut alors se poser des questions sur le mode de garde, vos propres angoisses quant à l'alimentation, votre équilibre affectif personnel et de couple...

Les troubles du sommeil

C'est donc à cet âge que commencent les difficultés d'endormissement et les réveils nocturnes, premières grandes confrontations entre l'enfant et ses parents. Mais, comme je l'ai dit au début de ce livre, autant il est important de mettre des limites aux désirs de l'enfant, autant il est fondamental de répondre à ses besoins. Le besoin est vital, le désir est un luxe. Or la peur de s'endormir seul, ou de se rendormir seul, correspond jusqu'à 3 ans à une angoisse vitale de séparation. La preuve en est que, dans la grande majorité des cas, il vous suffira de prendre le nourrisson et de le poser sur le lit parental, parfois de vous allonger à côté de lui, pour qu'il s'endorme aussitôt d'un sommeil paisible. Ne pas le rassurer, décider qu'il doit absolument apprendre à s'endormir et se rendormir seul, séparé de vous, est une attitude impitoyable par rapport à son besoin. Cette résistance lui enseigne la notion que le monde est cruel, et que nos parents ne nous comprennent pas.

Dès lors, on peut imaginer qu'il sera facilement agressif sans notion de culpabilité. Il faut donc éviter de trop laisser pleurer l'enfant et venir auprès de lui. Tout au plus peut-on attendre éventuellement une dizaine de minutes sans se montrer, car souvent il apprendra ainsi à s'endormir seul, mais il ne faut pas le laisser pleurer inutilement. Le plus souvent un biberon de lait, un bercement, voire un endormissement avec les parents, permettront à cet enfant d'avoir une vision optimiste de la nature humaine et de ne pas se conforter dans l'idée que les relations humaines se fondent sur l'indifférence.

L'AGRESSIVITÉ

Le rôle du père

Il est classique de dire que le père doit être séparateur et empêcher la mère de rester trop fusionnelle à cette période. C'est donner là un rôle bien ingrat à la fonction paternelle. Certes il sera utile que le père essaie de rendormir son enfant pour soulager la mère et crée ainsi un lien merveilleux par le partage de ces petites insomnies.

Mais c'est surtout en réintroduisant la mère dans sa féminité, en lui apportant des fleurs, un petit parfum, en la félicitant pour sa beauté que le père donnera à la jeune femme l'envie de redevenir femme, de ne pas se cantonner dans son rôle de mère. Cela se fait progressivement et ne doit pas être imposé autoritairement. L'enfant qui voit sa mère se préparer pour un dîner avec son père, qui l'attend ému et entouré d'amour, trouvera facilement sa place, contrairement à celui qui se sent le seul référent de sa mère, le seul donneur d'amour et qui a de son père une vision autoritairement séparatrice. Dans cette dernière configuration, l'enfant risque en effet d'être de plus en plus demandeur de réassurance maternelle et la recherche d'autorité du père aboutira à l'effet inverse : souder encore plus le bébé à sa mère.

6

Mordre, pousser, frapper... ou bien parler (18 mois-3 ans)

De 18 mois à 3 ans, c'est la période où vous devenez le plus désemparés devant l'agressivité de votre enfant car il prend conscience de son ego. À cet âge, l'enfant classe ses idées en deux concepts : celles qui sont relatives à « moi » et celles qui sont relatives à « pas moi ». C'est ainsi qu'il commence à distinguer le monde imaginaire (les idées qui sont à l'intérieur de moi) et la réalité (les choses qui sont à l'extérieur de moi). Il se met à utiliser cette distinction pour contrôler ses pulsions. Il a maintenant la capacité de se déplacer, de prendre les objets et de transgresser les lois que vous cherchez à imposer. C'est alors la guerre entre des désirs contradictoires, mais la violence que va exprimer l'enfant devant les frustrations nécessaires l'aidera en même temps à devenir lui-même.

De terribles colères

En cette deuxième année, bébé, qui cherche à d'identifier par rapport à vous ses parents, entre donc en bataille contre vous et vous êtes souvent désemparés devant ses coups de pied, ses tapes et ses morsures. Il peut maltraiter sa poupée ou son ours préféré, objet transitionnel, et les piétinera pour éviter de vous agresser vous-même. Que faire alors, vous demandez-vous, entre répondre à la violence par la violence, ou devenir souffre-douleur ? On comprend que vous soyez effrayé par la violence déchaînée d'un tout petit bout de chou, car on sent sa rage contenue. Il semble parfois que, s'il le pouvait, il tuerait son parent !

Rien n'est pire alors que de se moquer de sa vaine colère et de ses grandes faiblesses.

Mais si vous vous laissez tirer les cheveux, mordre, et si vous êtes la victime de votre enfant parce que vous voulez lui donner l'image d'un monde entièrement dédié à son bonheur, il cherchera des limites toujours plus loin et pensera que, par définition, on ne peut jamais rien lui refuser. Ainsi la violence de l'enfant peut être favorisée :

– parce que vous cherchez à la réprimer en donnant les fessées que vous avez vous-mêmes souvent reçues dans votre petite enfance ;

– ou parce que, en référence à votre propre jeunesse empreinte de privations, vous voulez éviter toute confrontation agressive pour lui créer une enfance comblée.

Ces deux modes de réaction ne font qu'exacerber la violence intrinsèque à tout être humain.

Il est important de dire à l'enfant qu'il a « le droit de se mettre en colère ».

Il ne faut pas réprimer ses colères par une réponse violente. Crier est une façon de répondre à la violence par la violence. Or, beaucoup de parents s'installent dans un registre de cris permanents. Aux cris de l'enfant répondent les hurlements de la mère qui n'en peut plus. Mais l'enfant s'immunise et s'habitue à ne plus fonctionner qu'environné de cris. Ce n'est donc pas un climat qui l'encouragera à maîtriser ses pulsions agressives. Les enfants ont besoin de se familiariser avec toute la gamme des émotions, y compris la colère, qui contribuent au développement de la conscience de leur identité.

> Lorsqu'un enfant est très bruyant, tapant sur les ustensiles de cuisine, se roulant par terre et bruitant beaucoup alors qu'il ne commence pas encore à parler, un test d'audition s'impose. À l'âge de 4 ans un enfant sur cinq, testé lors du bilan de la Sécurité sociale, souffre d'une baisse d'audition consécutive à des otites séreuses. Évidemment, à cause de cette baisse d'audition, l'enfant écoute moins les consignes parentales, se fait gronder et

devient en retour de plus en plus agressif. Voilà pourquoi ce test est alors indispensable.

Voilà MOI !

Maintenant que l'enfant a bien compris qui il est, il est normal qu'il se mette en rage lorsque ses désirs sont opposés aux vôtres. Il faut donc permettre à cette colère de s'exprimer et ne pas chercher à la « mater », à l'interdire totalement ou à ridiculiser l'enfant, ce qui serait encore plus ravageur que tout.

Il faut comprendre que le cerveau à cet âge est tout à fait immature. Les couches superficielles dites corticales commencent à être suffisamment développées pour permettre un début de langage et de raisonnement apparent, ce qui vous laisse croire que vous pouvez raisonner votre enfant. Mais le système « limbique », plus profondément situé dans les structures cérébrales, est immature. Or, c'est lui qui régule les humeurs et qui nous permet de nous maîtriser lorsque nous éprouvons des émotions contradictoires. L'enfant n'a pas cette maîtrise, jusqu'à sa cinquième année. Ainsi peut-il être totalement débordé par ses émotions et ses désirs, et avoir du mal à contenir son humeur. Il ne faut pas lui coller une étiquette définitive d'« enfant terrible », mais savoir simplement qu'il est immature, et le défendre auprès des autres en expliquant qu'il est « fatigué ».

Vous criez ?

Un climat de cris et de hurlements n'apaise pas un enfant mais, au contraire, excite sa violence. Il faut aussi, une fois de plus, protester contre les étiquettes que l'on colle sur les tempéraments enfantins. Ainsi, dire à son garçon : « Tu es méchant » ! lui donne une mauvaise image de lui-même et le pousse à s'identifier au « méchant » dont vous parlez. Il se sent extrêmement coupable, mais ne peut pas changer la personnalité qui lui est attribuée par sa mère. Mieux vaut dire : « Je suis étonnée que tu fasses cela, toi qui es si gentil ! C'est que tu es fatigué » et être suffisamment respectueuse et attentive pour comprendre sa rage devant son impuissance et son sentiment d'incompréhension.

Les fessées

« On ne peut pas élever les enfants sans une bonne fessée », pensent 85 % des parents français. Pourtant, comme le dit Olivier Morel[1], « il n'y a qu'un regard vrai sur la fessée, celui des enfants qu'elle terrifie ». Pendant cette période de pleine croissance du cerveau, son développement est perturbé si l'enfant est fréquemment soumis à des stress comme les tapes et les fes-

---

1. *La fessée,* La Plage.

sées. C'est pourquoi, aux États-Unis, l'Académie américaine de pédiatrie demande aux parents, aux éducateurs et aux enseignants de ne plus lever la main sur les enfants. De même la Société canadienne de pédiatrie, qui représente deux mille pédiatres, insiste sur les méfaits objectifs des sévices corporels.

Voilà pourquoi nous, les pédiatres, ne nous disons jamais : « Voilà une famille dont les enfants manquent de fessées » mais souvent, par contre : « Voilà une famille où l'on ne sait pas mettre de limites. » Or les tapes, petites comme grandes, ne sont pas un bon moyen de poser des limites. Très vite, l'enfant répondra : « Même pas mal ! »

Les fessées sont-elles indispensables ?

Une étude américaine auprès de huit cents familles a dressé leur profil en fonction du nombre de gifles, tapes, fessées, petites et grandes, données à la maison. Et les pédiatres, auteurs de cette étude, ont suivi ces enfants pendant huit ans. Il en est ressorti que les enfants frappés étaient plus souvent en échec scolaire, menteurs, voleurs et agités que les autres et, très nettement, que ces troubles étaient proportionnels à la fréquence des coups reçus ! « Certaines familles cultivent une atmosphère de conflits, de cris, de coups, de peur, l'enfant y apprend la violence comme langage commun », témoigne le professeur Messerschmitt, pédopsychiatre à l'hôpital Trousseau de Paris.

Bien sûr, tous les enfants qui ont été frappés ne deviennent pas des délinquants. Et vous vous dites que vous avez reçu quelques « bonnes fessées » dans votre enfance qui ne vous ont pas fait de mal... C'est même souvent la raison pour laquelle nous pensons normal d'éduquer un enfant en tapant. Mais, même lorsque les claques en tout genre n'endurcissent pas les enfants, elles peuvent les rendre trop soumis à l'autorité, par exemple plus tard dans leur vie privée ou professionnelle.

Mon expérience me prouve que, quel que soit le caractère de votre enfant, vous pouvez mettre des mots sur les situations au lieu de mettre des coups. Et si vous levez la main, expliquez-lui, le calme revenu, que vous avez « craqué ». Mais cela doit être exceptionnel et, en aucun cas, ne vous dites que la fessée est un mode d'éducation.

Car il y a toujours le risque que l'enfant, obligé de refouler sa violence, se montre de plus en plus violent. Il entre dans un cercle vicieux qui fera que, devenu à son tour parent, il exprimera sa rage en cherchant de la même façon à contraindre celle de son enfant par la violence. C'est ainsi que de nombreux enfants battus deviennent des parents qui battent leurs enfants. Pour eux, c'est une norme.

Pas tous, me dira-t-on, et certains deviennent même phobiques, à l'inverse, à l'égard de la main levée. Qu'est-ce qui permet de sortir de ce cercle infernal et, pour certains enfants, d'émerger de ces mauvais traitements avec une personnalité sereine et épanouie ? C'est la fameuse résilience, capacité à resurgir de ces souffrances grâce à un tuteur affectif. Ce peut être soit l'autre personne du couple se montrant aimant, soit une grand-mère, une tante, qui permet à l'enfant de garder confiance en lui.

Parler

Développer le langage, c'est permettre un détournement du besoin primitif vers un échange, une rencontre intellectuelle avec l'autre. En encourageant l'expression verbale, vous permettez à votre enfant d'exprimer ses sentiments et de formuler rationnellement ses désirs, au lieu de choisir la colère comme mode d'expression. Un mode de pensée élaboré dépend avant tout de l'interaction émotionnelle avec les parents. Ce sont ces échanges émotionnels qui confèrent à l'enfant la capacité d'exprimer ses sentiments et qui l'encouragent à parler, plutôt qu'à s'exprimer physiquement.

Ainsi les enfants dont on s'occupe attentivement ont-ils une grande facilité à communiquer déjà au stade préverbal, ne serait-ce que par le regard. Ce sont ces enfants qui, jouant dans mon cabinet médical, me jaugent lorsqu'ils veulent tendre la main vers mon otoscope. Ainsi, selon mon regard réprobateur ou au contraire mon hochement de tête encourageant, ils captent mes messages et s'y conforment. Plus vous entrerez dans les centres d'intérêt de votre enfant en mettant des mots sur ses jeux, plus vous irez « à la pêche » de son intérêt, à la rencontre de son regard, de son rire, plus vous solliciterez ses neurones et valoriserez ses premières productions linguistiques, et plus votre enfant saura s'exprimer par des mots à la place de ses mains. Les enfants qui parlent tôt sont beaucoup moins agressifs que ceux qui souffrent d'un retard de langage. Les parleurs associent rapidement des images à des situations et anticipent mieux les actions qui vont survenir. Ainsi sont-ils moins angoissés et sont-ils plus dans la parole que dans l'action.

À l'inverse, les enfants qui ont un retard de langage souffrent de difficultés de concentration. Vous vous dites souvent : « Il ne parle pas aussi bien que sa petite cousine, mais il comprend tout. » Mieux vaut cependant, si l'enfant ne fait pas de petites phrases à 2 ans, vérifier son audition et réfléchir à son environnement langagier ; par exemple, un mode de garde n'apportant pas suffisamment de dialogue avec l'enfant est à revoir pour enrichir sa communication. Certes, il y a des enfants qui enregistrent avant de parler, mais ceux-là sont rassurants par leur capacité à écouter, à se passionner pour le petit livre que vous racontez. Ceux qui ont un réel retard de langage, c'est-à-dire qui n'ont pas plaisir à l'échange verbal, jettent le livre au bout de deux pages et partent courir, s'agiter. Ce sont ceux qui ont le plus de risque de devenir agressifs, comme je l'ai montré dans *Mon bébé parle bien*[1].

Parler ne veut pas dire « soûler de paroles » : certains parents croient bien faire en expliquant longuement chaque situation, chaque scène de vie à leur enfant. Mais il ne faut pas confondre : mettre des mots sur les échanges et les jeux et donner du sens à ses centres d'intérêt, avec se lancer dans de longues diatribes d'adulte. Avec cette dernière attitude, l'enfant voit dans le langage plutôt un bruit de fond fait par l'adulte, quelque chose qu'on applique sur des situations angoissantes ou contraignantes, sans bien comprendre le début et la fin des raisonnements. Au pire, il devient rebelle, agacé et très agressif ; au mieux, il devient un négociateur permanent.

18 mois, il mord et donne des coups de pied

Vous étiez si heureuse, avec cet adorable bébé, et le voilà maintenant qui, soudain, sans même qu'une contrariété puisse le justifier, vous mord brutalement. Bon, vous ne demandez qu'à l'excuser... Mais vous voilà vraiment gênée lorsqu'il fait la même chose aux copains rencontrés au square, sous l'œil furieux des autres mères. Alors, vous vous croyez obligée

---

[1]. Balland, Jacob Duvernet, Paris, 2000.

de vous fâcher, de lui faire la leçon. Mais il recommence et la honte vous gagne. Vous seriez-vous trompée dans votre éducation ? Serait-il temps de sévir ? Mais ni tapes ni gronderies ne semblent efficaces...

Pourquoi l'ange devient-il tout à coup démon ? L'enfant n'est ni bon ni mauvais, c'est une boule d'énergie qui fuse dans tous les sens :

– en énergie positive quand il apprend à parler, à empiler, à dessiner ;

– en énergie négative quand il hurle, casse, déchire.

Toute la mission éducative consiste à canaliser l'énergie vers du positif.

Attention aux mauvaises réactions !

– Ne répondez jamais à la violence par la violence, ne tapez pas en retour, ne criez pas..., sinon il retiendra que c'est un mode de communication normal entre humains.

– Ne donnez pas une mauvaise image de lui-même à votre enfant : je continue d'être « méchant » si maman dit que je le suis !

– Faites diversion dès qu'il amorce une attitude agressive : « Non, jouons avec ce camion, c'est plus drôle... » Et s'il insiste en vous bravant, faites *time out,* comme disent les Anglo-Saxons : tu vas chez toi (ton lit, ton parc, ta chambre) et moi chez moi, où je me fais du bien (lire, téléphoner...) le temps de me sentir mieux.

N'oubliez jamais que vous n'êtes pas le souffre-douleur de votre enfant : une maman, c'est sacré !

Jouer

Il y a des parents qui s'assoient volontiers à terre pour jouer avec leur enfant et qui permettent ainsi des échanges verbaux tout en donnant du sens à l'action. Ils auront des enfants moins agressifs que les autres. Anna Freud disait qu'elle cesserait d'être psychanalyste d'enfants quand elle aurait les genoux trop raides pour s'asseoir à terre. C'est ce que Stanley Greenspan[1] a appelé « le temps par terre » : « En vous mettant au niveau de votre enfant, vous pouvez vous mettre au diapason de son rythme. Il y a alors dialogue, interaction et attention partagée aux seules conditions de l'enfant. » Car c'est ainsi, dans cette position au niveau de l'enfant, que l'on entre vraiment dans son monde imaginaire et que nos mots soutiennent et structurent sa pensée. Par l'exploration, l'enfant connecte ses circuits mentaux. Le jeu peut paraître inutile, mais pour bébé, jouer c'est travailler, c'est découvrir, observer, manipuler, communiquer, comprendre.

Jouer avec votre enfant constitue donc une démarche préventive de l'agressivité. Vous l'exercez à focaliser son attention, à se concentrer, à calmer sa motricité au profit de l'intellectualisation de ses actions, et à partager des affects avec vous. Lorsque vous me dites, fati-

---

1. *Op. cit.*

gués, que votre enfant ne sait pas jouer tout seul, je m'en félicite. L'enfant qui, entre 1 et 3 ans, joue beaucoup tout seul et bruite, échappe au plan de l'attention, reste dans son monde... Il sera généralement un enfant plus agressif qu'un autre. Ce qui ne veut pas dire que, chez un petit communiquant, il n'y ait pas de plages de jeu où la pensée de l'enfant s'évade et se prête au rêve, bien sûr...

Le rôle du père

Il y a des pères au tempérament plutôt verbal et d'autres au tempérament plutôt physique. La plupart d'entre eux aiment « jouer à la bagarre », même si ce sont des adultes qui maîtrisent leurs pulsions violentes. Je vous conseille cependant de ne pas pousser votre enfant dans trois directions :

– Si vous le laissez s'énerver et encouragez son agressivité, ne croyez pas que vous le défoulez pour qu'il soit plus calme après. C'est une idée parfaitement fausse. Vous l'exercez au contraire à la violence.

– Si vous-même vous vous laissez aller, en « jouant à la bagarre », à la limite du dépassement de ses forces, et lui faites un peu mal ou le fatiguez, vous lui donnez l'exemple que l'on peut abuser de la violence.

– Si vous avez des mots qui encouragent la violence : « Allez, montre-nous qui est le plus fort, sois fort, défends-toi ! », vous flattez aussi ses pulsions agressives.

L'idée que le rôle du père est d'apprendre à un garçon la bagarre et les jeux violents est vraiment une caricature de l'homme. Je connais tant de pères qui sont positifs, riant à des jeux de construction, racontant des histoires, faisant du vélo, découvrant un CD-ROM ludique sur l'ordinateur... et qui, ainsi, apprennent à l'enfant à diriger son énergie vers des intérêts humanisés. Ces comportements sont bien plus favorables à la prévention de l'agressivité qu'un encouragement à la bagarre alternant avec une autorité factice par le cri et la main leste. C'est cette dernière attitude qui fait les enfants rebelles.

2 ans, elle veut dormir dans notre lit

Vous n'osez pas avouer à votre belle-mère que Sidonie passe la moitié de la nuit entre vous. Vous étiez pourtant si fiers, votre bébé faisait ses nuits. Mais depuis qu'elle marche, elle a commencé par quelques « caprices » du soir et vous cédez : déjà que vous ne la voyez pas beaucoup pendant la journée... Et puis, maintenant, ce sont des réveils en pleine nuit. Vous avez commencé par dire : « Jamais dans notre lit ! » mais vous avez tout essayé : la laisser pleurer, elle en vomit de rage, un vrai crève-cœur ; vous fâcher, les pleurs redoublent ; vous allonger à côté d'elle, vous êtes épuisée. Alors, vous finissez par la prendre dans votre lit, avec un immense sentiment de culpabilité, et là, elle s'endort, béate...

Pourquoi ? Quatre-vingts pour cent des enfants entre 1 et 3 ans se réveillent ainsi la nuit. Car les petits ne sont pas programmés pour dormir loin de leurs parents. Les civilisations africaines et asiatiques l'ont bien compris. Nous faisions d'ailleurs de même dans nos fermes au siècle dernier. Donc, il faut cesser de considérer ce besoin de chaleur humaine comme anormal...

Laisser pleurer ou pratiquer le *co-sleeping* (dormir ensemble) ? Surtout, ne le laissez pas pleurer plus de dix minutes, le temps parfois nécessaire pour trouver le sommeil. Attendre plus longtemps pour répondre, c'est donner à votre enfant la notion que le monde est cruel, car il a un véritable besoin d'être rassuré. Essayez un biberon de lait tiède au coucher, en plus du repas (quoi qu'en disent les dentistes...), le plus naturel des somnifères. Si ça ne suffit pas, laissez l'enfant s'endormir dans le grand lit et emmenez-le ensuite dans le sien. Ainsi, vous avez sauvé votre intimité pour la première moitié de la nuit. Et s'il se glisse ensuite entre vous ? Ce n'est pas grave jusqu'à 3 ans, comme le montrent les deux tiers des habitants de la planète !

L'éducation peut-elle être non violente ?

Lorsque vous mettez votre bébé au monde, vous rêvez de lui faire vivre une enfance heureuse, sans conflits, en prévenant ses désirs. Les parents ont ainsi, dans la dernière décennie, voulu un bonheur idyllique pour des enfants désirés et faits en petit nombre. Mais nous avons vu que la violence était inhérente à l'être humain, qu'elle est un moteur de la vie et qu'elle permet, lorsqu'elle est bien canalisée par l'individu, de progresser et de se confronter aux enjeux de la croissance et des apprentissages, puis de l'inévitable compétition.

L'enfant est une boule d'énergie, il n'est ni bon ni mauvais. Il est même très impressionnant de penser combien la rencontre de deux cellules microscopiques peut aboutir à une telle activité, en particulier entre 1 et 3 ans, qui vous laisse épuisé. Toute l'éducation consiste à canaliser cette énergie vers des activités positives – construire, parler, apprendre… – et à délaisser les activités négatives – casser, frapper, se renfermer sur soi-même. On peut faire le parallèle avec le gouvernement d'une société, la civilisation consistant à contenir la violence de ses membres grâce aux lois, à la canaliser vers des réalisations positives, alors qu'un mauvais gouvernement stimulera les pulsions violentes des foules et conduira à la guerre.

Mais pour « élever » l'enfant – ce si beau mot qui veut bien dire qu'il faut le guider vers un statut supérieur à celui de l'animal, le statut d'humain – on ne peut pas éviter de poser des limites. Nous avons vu que l'enfant a des désirs forcément contradictoires aux vôtres et que la confrontation est inévitable. Je vois des parents qui laissent sous le nez de leur enfant un objet très tentant, comme la télécommande de la télévision, et qui vont leur taper sur la main de façon répétée pour qu'il ne la prenne plus. Ce n'est pas efficace, l'enfant au contraire devient provocateur, quitte à avoir mal à sa petite main, car rien n'est plus tentant que cet instrument électronique aux pouvoirs magiques. Donc, la seule chose à faire quand l'enfant veut approcher de la télécommande, c'est de la retirer gentiment en la mettant en hauteur pour supprimer cette tentation, et de faire diversion avec un jouet, un livre, de façon à lui montrer qu'il y a d'autres choses tout aussi intéressantes. Cela demande de la disponibilité, mais c'est ainsi que l'enfant retient qu'on ne touche pas à l'objet interdit, c'est une loi. Quand on essaie de le raisonner ou de le dresser, il ne retient pas la leçon. Pour ne pas multiplier les confrontations inutiles avec lui, et ne pas l'exercer à la provocation, vous devez organiser votre appartement en fonction de son âge. Tant qu'il n'est pas entré dans l'âge de raison – dont nous allons parler plus loin –, il est inutile de le tenter de façon excessive. Il sera donc souhaitable que la télévision et le magnétoscope soient dans un meuble fermant à clé, que la télécommande soit en hauteur, que les téléphones le soient également, que la plante verte soit inaccessible sur le balcon et que les produits d'entretien soient sous clé. Ne laissez pas à sa portée de bibelots précieux et ne l'encouragez pas à enfreindre votre loi, si la loi est dite pour des choses essentielles :

– « On ne traverse pas la rue tout seul. » Donc, quand l'enfant veut lâcher votre main, vous la tenez vigoureusement, voire vous le portez, car bien sûr il n'est pas question de céder.

– « On ne frappe pas ses parents. » Donc, s'il veut vous donner un coup de pied ou lever la main sur vous, vous dites « non » doucement tout en faisant diversion ; et s'il vient vraiment vous provoquer, il faut calmement et gentiment le mettre dans son parc ou dans sa chambre, porte fermée, pour montrer que vous vous protégez. Ce n'est pas une punition, c'est simplement l'exemple : on ne frappe pas son père ou sa mère, c'est impossible à supporter.

Beaucoup de parents aujourd'hui sont dans une passivité et un laxisme totaux. L'alternance entre mansuétude et cris ou fessées accentue l'agressivité, alors que si vous êtes ferme sur les valeurs essentielles, vous favorisez les traits de caractère positifs de votre enfant. En établissant avec lui des rapports chaleureux de confiance mutuelle, vous encouragerez sa communication, il apprendra à réfléchir et saura mieux maîtriser son énergie.

Fixer des limites

Bien sûr, vous voudriez que votre enfant n'ait que des pensées d'amour et de gentillesse, mais il faut lui accorder toute la palette des émotions, qui passent par l'affirmation de soi et la colère. Si vous avez un comportement trop répressif, cherchant à l'empêcher d'exprimer ses colères, vous ne lui permettez pas de dépasser ses comportements agressifs et d'élever ses émotions au niveau des idées. Alors il n'acquiert pas la faculté de décrire ses sentiments et se met dans l'incapacité d'examiner ses actes à l'avance. Il développe de plus en plus un comportement soit excessivement inhibé avec une colère rentrée, soit excessivement agressif.

Toute l'éducation consiste donc à apprendre à l'enfant à diriger son énergie pour la mettre au service de la créativité, de la résolution des problèmes et de l'attention à autrui. Pour évoluer ainsi, votre enfant a d'abord besoin d'avoir reçu ces valeurs de vous-même. C'est parce que vous l'aurez respecté qu'il vous respectera.

3 ans, il se roule par terre dès que je dis non

Vous êtes déconcertés par votre impuissance grandissante devant les colères de votre enfant. Il a l'air si éveillé, si raisonnable, et le voilà qui se roule par terre en plein magasin, alors que vous vous sentez scrutés par les autres acheteurs. Mais votre enfant n'en a cure : il trépigne, devient écarlate, veut absolument monter dans le caddy alors qu'il n'y a pas de place à cet effet, ou attraper ce jouet qui n'est pas de son âge, ni adapté à votre budget. Vous sermonnez, grondez, donnez une tape sur les fesses, rien n'y fait... Vous n'avez plus qu'une envie : sortir du magasin.

Pourquoi ces colères incontrôlables ? Entre 2 et 5 ans, nous l'avons vu, la zone corticale, superficielle, du cerveau est déjà bien développée, permettant à l'enfant de parler et de comprendre votre langage, donc vos discours, avec tous vos bons préceptes. Mais en même temps, la zone profonde, dite limbique, qui permet de contrôler nos humeurs, est immature. Aussi l'enfant implose-t-il à la moindre contrariété. Il est alors submergé par la colère, en ne sachant même plus ce qui l'a provoquée. Énervement parental ou cours de morale ne font que l'exaspérer un peu plus et le désespérer de ne pas connaître la solution.

Il faut pourtant bien le calmer ! Vous devez l'envelopper, tel un nouveau-né qui a besoin de vous comme d'une enveloppe rassurante, lui permettant de ramasser cette énergie qui fuse dans tous les sens. Soit vous l'enveloppez physiquement, en le prenant dans vos bras, pour lui dire que vous avez du chagrin comme lui ; soit il est trop énervé pour supporter même qu'on le touche et vous vous mettez à son niveau pour lui dire que vous aussi vous êtes très fâchée que ce caddy soit mal conçu, ou que l'on ne puisse pas tout acheter dans la vie ; soit encore vous faites diversion, par quelque centre d'intérêt nouveau. Si vraiment votre enfant est inaccessible, vous l'emmenez hors du magasin et rentrez à la maison, mais sans crier ni le culpabiliser. Et dites aux personnes présentes qu'il est fatigué, c'est tout. N'oubliez jamais que vous êtes l'attaché de relations publiques de votre enfant !

Comment fixer des limites sans violence ?

Votre enfant s'interpose dans votre conversation de couple ? Faites-lui comprendre qu'il doit attendre, mais prenez-le par les épaules contre vous pour qu'il sente que vous pensez à lui. Il vient vous solliciter alors que vous parlez au téléphone ? Prenez-le sur vos genoux et poursuivez la conversation en chuchotant, tout en l'embrassant. Il vient vous tirer par le pantalon alors que vous êtes en train de parler à quelqu'un d'autre ? Ne le repoussez pas durement ; mettez-lui la main sur l'épaule afin qu'il sache que vous êtes attentif à sa demande.

C'est en maintenant ainsi un climat relationnel rassurant que les tendances agressives et asociales de l'enfant se régulent. L'idée de base n'est donc pas de contenir à tout prix son agressivité ni de lui répondre par une agressivité réciproque, mais d'utiliser son potentiel pour favoriser une personnalité énergique et parfaitement intégrée à la société. Des relations de confiance, un climat de communication facile, l'habitude de mettre des mots sur ses pensées permettent à l'enfant naturellement très actif de canaliser son énergie positivement et d'avoir une personnalité tonique et intéressante. Par contre, si vous passez du laxisme, de l'absentéisme à des rapports totalement autoritaires et dénués de compréhension, vous encouragerez votre enfant à accomplir des actes violents.

À la crèche

Les directrices de crèches disent combien les enfants sont de plus en plus violents. Il y a beaucoup plus de morsures et de coups qu'autrefois. Malheureusement, je trouve que le discours qui est fait aux parents découvrant qu'un petit a été mordu va souvent dans le sens : « Il faut qu'il apprenne à se défendre. » Je veux absolument lutter contre cette expression dévastatrice qui suggère qu'il faudrait répondre à la violence par la violence. Vous qui essayez d'éduquer votre enfant à communiquer ses impressions autrement que par l'agressivité, devriez-vous soudain lui suggérer de frapper ou de mordre à son tour ? Tel est le sens de cette recommandation. Or, il faut en fait apprendre à ne pas mordre. C'est donc vers l'enfant qui mord que doit aller le discours. Celui qui est mordu est souvent non pas un enfant passif et faible, mais un enfant qui ne conçoit pas que l'on puisse communiquer ainsi. Il faut l'encourager à continuer de ne pas agresser. Ce n'est pas parce qu'il mordra et frappera qu'il recevra moins de coups et se fera respecter, au contraire, il attirera le bagarreur et les pugilats seront de plus en plus fréquents.

Pourquoi les enfants des crèches sont-ils ainsi plus agressifs qu'autrefois ? J'ai dit combien il était dur pour un tout petit bébé de 3 mois, à la fin du congé de maternité classique, de quitter l'enveloppe maternelle, encore si précieuse pour structurer sa vie psychique. Entrer si petit dans un monde collectif, dans un lieu bruyant au rythme imposé, avec un personnel tournant (même si l'on essaie d'assurer une certaine continuité), et cela pour une très longue durée quand on sait la notion de temps chez le bébé, si différente de la nôtre, fait perdre à l'enfant, dans ces conditions, des repères structurants par rapport à sa propre identité. Il apprend à communiquer lui-même de façon violente et sans notion de culpabilité. J'approuve les habitudes suédoises, où l'on n'entre pas à la crèche collective avant l'âge de 7 mois, et généralement même de 12, puisque le congé de maternité en Suède a cette durée. Je pense qu'on est extrêmement agressif avec les bébés en leur proposant une séparation si précoce d'avec leur mère.

Le travail des auxiliaires et des éducatrices veille à apporter l'attention et la chaleur humaine nécessaires aux enfants pour leur donner une base de confiance. Malheureusement, là encore, un précepte à la mode dans leur formation voudrait qu'il faille « ne pas trop aimer les enfants ». Je pense qu'une professionnelle ne peut jamais s'attacher autant qu'une mère, par essence même, car ce n'est pas son enfant, elle ne l'a pas désiré, elle ne l'a pas conçu, elle ne l'a pas mis au monde ; elle sait bien qu'il n'est pas son prolongement et qu'elle n'aura pas une vision à long terme de son devenir. Il est donc évident que l'attachement ne se fait pas comme avec les parents biologiques et point n'est besoin de rajouter des directives en ce sens (j'entends trop recommander aujourd'hui au personnel de la petite enfance de « se protéger pour ne pas s'attacher à l'enfant »…). Je dirais au contraire que l'amour et l'attention que donne une auxiliaire en charge de cinq nourrissons ne seront jamais trop grands.

Il serait donc bien suffisant d'entrer à la crèche en cours de deuxième année, et l'idéal serait que les crèches collectives soient au centre d'un système de garde à formule variable et adaptée selon l'âge de l'enfant et les besoins des familles. Bien sûr, tous les enfants qui vont à la crèche ne deviennent pas violents et agressifs, car certains petits ont des protections personnelles. Votre bébé est conforté par une famille chaleureuse, aimante et qui lui consacre beaucoup de temps dans les périodes domestiques. Le comportement des parents facilite plus ou moins l'épanouissement du petit « créchon » :

– Si vous déposez votre enfant assez tard, le reprenez tôt et organisez votre vie autour de lui le soir et le week-end, il sera bien sûr moins sensible à la cruauté de la séparation, de la mise en collectivité et pourra se régénérer.

– Par contre celui qui a, par exemple, une mère seule et dépressive, qui est déposé tôt et repris tard, qui a des parents énervés et fatigués le soir, un père qui délaisse la mère le week-end ou qui vit des conflits conjugaux, celui-là aura moins de défenses pour se protéger du bruit, des frustrations et des agressions de la vie collective et y répondra avec agressivité et colère.

Comme toujours, plus tôt nous montrons à nos enfants que le monde peut être cruel, plus ils fonctionneront sur ce registre.

Chaque enfant a ses capacités de protection

Nous avons vu comment le tempérament de votre enfant est différent dès le départ (voir p. 19-20). Certains sont plus facilement « explosifs », hypersensibles à leur environnement ; d'autres sont moins réceptifs et sauront se protéger des agressions sonores ou physiques. Les premiers seront moins prédisposés à supporter le stress et à répondre par un comportement agressif aux excitations d'un environnement perturbateur. La différence de comportement est donc renforcée par la vulnérabilité, et atténuée par la capacité à se protéger.

Un autre facteur qui fait que la crèche peut avoir un effet positif ou au contraire favoriser l'agressivité est, bien sûr, votre relation avec les auxiliaires et les éducatrices. Si vous rencontrez facilement la personne qui s'occupe personnellement de votre bébé, si vous pouvez bavarder tous les deux à l'arrivée ou au départ, si l'enfant sent une complicité entre vous et si cette personne aime jouer, chanter, bercer, il est certain que la vie à la crèche peut être extrêmement positive pour votre bébé et faire de lui un bébé heureux. Mais une telle personnalisation des relations est difficile, reconnaissons-le, lorsqu'une personne s'occupe de cinq petits de moins de 12 mois, et de huit enfants entre 1 et 3 ans. Avec les temps de congé et de pause, le personnel tourne et l'enfant n'a pas toujours le même référent. Heureusement, on essaie de garder la plus grande stabilité possible. Nous devons dire combien ces métiers de la petite enfance doivent être reconnus, encouragés et le personnel formé.

La halte-garderie rend-elle sociable ?

Vous me dites souvent que, tout en prenant un grand plaisir à élever votre enfant, vous voulez le conduire à la halte-garderie deux après-midi par semaine « pour qu'il s'habitue aux autres et devienne sociable ». S'il sanglote et se cramponne à vos basques au moment de votre départ, on vous assure qu'il se calme ensuite et vous pensez qu'il s'habitue ainsi à se séparer de vous.

Nous devrions réfléchir à la cruauté de ces séparations qui facilitent le tempérament agressif chez de nombreux enfants. Quelle conception du monde leur délivrons-nous ? « Si les grandes personnes sont capables de m'arracher à ma mère avec autant de cruauté, que représente alors le respect des sentiments de l'autre ? » On a montré que les enfants qui vivent ces séparations à l'arraché sont à la fois plus agressifs mais, contrairement à l'opinion répandue, moins leaders que les autres. Car il ne faut pas lier l'idée d'agressivité à celle de meneur du groupe. Le leader est souvent celui qui a le plus d'imagination, de vocabulaire pour inventer des situations, et d'empathie pour imaginer ce que ressentent les autres. Il n'en va pas de même du plus batailleur, qui est au contraire troublé et irrité par les petits intellectuellement précoces.

Par contre, si votre enfant réclame la halte-garderie, vous laisse joyeusement et part en courant vers les autres petits et vers les éducatrices, alors bien sûr cet univers est salutaire pour lui. Cela ne veut pas dire qu'il est plus sociable que d'autres mais, peut-être, que cet environnement est plus adapté à lui qu'à celui qui pleure. Car nous avons vu que chaque enfant était différent. Ce qui compte, c'est d'évaluer le bien-être de votre petit, d'écouter ses messages et de ne pas le forcer.

L'arrivée du deuxième bébé

Autrefois, les parents idéalisaient les rapports dans la fratrie. Ils ne voulaient pas voir les souffrances de l'aîné à la venue du second. On faisait taire le moindre signal agressif avec des injonctions culpabilisantes : « Tu dois aimer ton petit frère, tu es l'aîné, il est petit... » Aujourd'hui, vous êtes conscients que les sentiments du plus grand peuvent être ambigus. Mais ce n'est pour autant que vous savez adopter la bonne attitude... Pour la trouver, il faut comprendre ce qui se passe dans la tête et dans le cœur de votre aîné.

Pourquoi tant d'agressivité et de rage rentrée ? Bien sûr, avoir été l'unique préoccupation de ses parents est difficile à remettre en question alors qu'arrive un autre enfant. Mais la rivalité et l'agressivité du plus grand sont souvent exacerbées par votre comportement aujourd'hui. On a tant dit que « le bébé est une personne », vous voilà en admiration, toute la famille s'ébaudit : « Comme il est beau ! Comme il est mignon ! Il a les yeux de papa, le nez de maman, regarde… » Et on le prend, et on le câline, et on le change, et on le nourrit, tout en l'admirant. Alors le grand ne comprend pas : lui qui marche, qui parle, qui est devenu propre, qui sait demander ce dont il a besoin, pourquoi ce qui est à ses yeux un petit tas de chair vagissant, hurlant, se souillant, ne marchant pas ni ne parlant est à ce point déifié par les parents ? En ce cas, la colère le submerge et il a tendance à régresser. Alors que l'attitude objective consisterait à plaindre le pauvre bébé si démuni et à constater sa faiblesse : « Tu as vu, il ne sait pas parler, il ne sait pas marcher, il ne peut pas demander ce dont il a besoin. Il ne peut pas avoir de copains, il ne peut pas aller jouer au square, ni courir… pauvre bébé ! Il se fait pipi dessus, il a faim tout le temps. Heureusement qu'il va apprendre comme toi, nous sommes tellement fiers qu'à 2 ans et demi, tu sois devenue une si grande fille qui sait marcher, parler, etc. Tu sais, ce bébé, nous allons lui montrer pour qu'il sache faire tout ce que tu fais. » Alors l'aîné se montrera beaucoup plus protecteur dès lors qu'il est valorisé dans ses propres progrès.

Il n'en reste pas moins que vous devez être vigilant car une grande ambiguïté peut régner derrière les baisers. Combien de fois, posant le petit nouveau-né sur mon lit d'examen, je vois le grand grimper, s'agiter pour que l'on s'occupe de lui et se pencher sur le bébé, le couvrir de câlins qui, en fait, sont désagréables à l'enfant, allant à la limite de l'étouffement. Les mères confirment et ne savent plus si c'est de l'amour ou de la rage.

Alix la jalouse

Le père vient en consultation avec sa petite fille Alix, de 2 ans et demi, qui a une toux fébrile, tandis que la mère est restée à la maison avec leur bébé de 15 jours. Nous parlons pendant l'examen :

« Comment se passent les rapports entre Alix et le bébé ?

– J'ai cru que c'était le paradis à la clinique, docteur. Lorsque vous êtes venue examiner le bébé, nous nous réjouissions avec ma femme de ce qu'Alix avait tellement voulu prendre le nouveau-né, l'embrasser, lui caresser la main. Nous étions heureux que notre petite fille ne soit pas jalouse, comme tant d'enfants.

– Mais les baisers ne sont pas forcément la garantie que l'enfant n'est pas jaloux...

– Je m'en suis bien aperçu en rentrant à la maison. J'étais à peine assis au salon que j'entends Alix crier et tempêter dans sa chambre. Je suis allé voir et j'ai été saisi de stupeur sur le pas de sa porte. Elle était en train de secouer, gronder, jeter ses poupées contre le mur avec une violence inouïe, comme si elle était habitée par la colère, une véritable crise d'hystérie dans laquelle je n'ai pas osé intervenir. Je n'ai pu qu'assister, impuissant. Elle ne me voyait même pas. Je me suis dit qu'elle était vraiment double et cela m'a beaucoup impressionné. »

Pendant que le père parle, et alors qu'Alix est rhabillée, elle s'est installée dans le fauteuil relax, pourtant réservé aux bébés, et se balance en suçant son pouce.

« Depuis, continue le père, lorsque nous sommes à la maison et qu'Alix embrasse le bébé, je ne suis pas tranquille, car ses baisers sont plutôt étouffants !

– Mais, savez-vous, cher papa, dis-je à dessein pour interpeller l'enfant, que les bébés ont horreur des baisers ? »

Alix sort du fauteuil dans lequel elle semblait jouer au bébé, de sa position quasi fœtale dans le petit baquet, et vient vers le bureau en me regardant droit dans les yeux. Je poursuis.

« Oui, tu sais, les baisers embêtent le bébé, on peut lui parler, lui apporter un jouet, mais il vaut mieux ne pas le toucher.

– Mais, docteur, c'est vrai que cela nous fait plaisir qu'elle ait envie de donner des baisers au bébé…

– Et elle le fait pour vous faire plaisir. Mais ses sentiments sont ambivalents parce que le bébé, ça énerve, n'est-ce pas, Alix ? Alors, on fait des baisers pour faire plaisir à ses parents, mais en fait, ce sont des baisers qui embêtent le bébé. »

Alix a pris la poupée du panier de jouets et la pose ostensiblement sur mon bureau.

« Tu vois, Alix, les bébés, c'est nul. Ça ne sait rien faire. Tu as vu, ça pleure, on ne comprend pas pourquoi. Ça ne sait pas parler, ça ne sait pas marcher, ça ne peut pas avoir de copains et ça ne peut pas jouer. Les pauvres bébés, ils ne savent vraiment rien faire.

– Comment pouvez-vous parler comme ça du bébé, docteur ?

– N'est-ce pas la vérité ?

– Mais on l'aime, notre bébé !

– Bien sûr, on est même ébloui de penser que si petit, si faible, si incompétent, il va apprendre à marcher, à parler, comme Alix. Regardez tout ce qu'Alix a su faire en deux ans et demi, c'est extraordinaire ! Pauvre bébé qui ne peut pas faire tout cela aujourd'hui. »

Alix prend la poupée et la berce.

« Nous allons l'aider, ce bébé, pour qu'il puisse apprendre. Parce que vous êtes fier, n'est-ce pas, cher papa, de tout ce qu'Alix sait faire ?

– Oui, ça c'est vrai, docteur. Parce qu'il y a deux ans et demi, en effet, elle était comme le bébé et ne savait rien faire. »

Alix pose le bébé dans le transat et monte gentiment sur les genoux de son père. Je peux faire l'ordonnance pour la bronchite, je sais que cela va aller mieux.

Le rôle du père

On l'a compris tout au long de ces chapitres, vouloir faire jouer au père un rôle d'autorité froide, distribuant les fessées et faisant la grosse voix, n'est pas la bonne solution. Certains pères ont une autorité spontanée et une voix qui calme l'enfant rapidement sans l'humilier ni le mettre dans une rage intérieure ; d'autres risqueraient, poussés à ce rôle, de gâcher la confiance que l'enfant peut avoir en lui. Le père aura d'autant plus d'autorité qu'il sera lui-même joueur, et qu'il alternera les périodes où il fixe des limites avec celles où il construit, raconte, joue, partage une promenade.

Un élément également très important pour l'autorité en général est le respect que le père porte à la mère. Si l'enfant voit que le père respecte et protège sa mère, il le respectera en retour et ses paroles auront du poids sur lui parce que, si petit, il admirera celui qui soutient celle dont il est encore si proche. En même temps, il respectera beaucoup plus sa mère si le père témoigne à celle-ci affection, soutien et admiration. Par contre, si le père s'oppose fréquemment à la mère, ou tourne en dérision son personnage, ce que je vois faire parfois avec une étrange désinvolture, l'enfant s'exercera lui-même à ridiculiser la mère et à exercer son agressivité sur elle.

> *Les parents doivent-ils être toujours d'accord ?*
>
> Les parents d'aujourd'hui croient qu'il ne faut jamais se contredire devant un enfant. Mais l'enfant perçoit votre désaccord, même si vous n'en parlez que la porte fermée. Vous pouvez vous autoriser une part de spontanéité et de différence des comportements, dès lors que vous vous manifestez amour et respect réciproques. Un père qui, devant l'enfant, admire le métier que fait la mère, ou sa cuisine et, réciproquement, une mère qui fait valoir au petit combien le père est un excellent bricoleur, ou créatif..., ces parents-là encouragent le respect de chacun par leur enfant.

Paolo, la petite terreur

« Je ne peux plus aller au square avec Paolo, docteur ! Dès qu'il arrive, il se précipite sur les autres enfants et les renverse brutalement, leur prend leur pelle. J'ai honte devant les autres parents, je suis obligée de crier et j'en suis à craindre les sorties.

– Est-ce que Paolo vous frappe à la maison ?

– Frapper est un grand mot. Oui, il essaye de me donner des tapes et il me tire les cheveux, mais ce n'est pas méchant et je lui dis de ne pas le faire. Au square, c'est beaucoup plus gênant, car c'est avec des enfants que je ne connais pas. Pourtant, il est très content d'y aller. Mais, dès que nous arrivons, il se met en chasse.

– C'est un trop-plein d'émotion. Quand il arrive, il ne sait pas comment dire "je suis fou de joie". Car il est vraiment "fou" de joie et exprime ce contentement de façon effectivement folle, en poussant justement la petite fille qu'il aime.

– C'est exactement ça !

– Mais il faut lui apprendre une autre entrée en matière. Dès que vous arrivez au square, je vous conseille de le prendre dans vos bras pour lui dire : "Nous allons ensemble dire bonjour à la petite fille." Ne lui dites jamais : "Tu es méchant."

– Je ne lui dis pas ça. Je lui dis : "Tu vas être gentil."

– Ce qui veut dire la même chose : cela suppose que s'il ne fait pas comme il faut, il sera méchant. Or ce n'est pas le cas, il est plutôt ému et ne sait pas gérer son énergie ni ses relations avec autrui. Donc, en arrivant, prenez-le dans vos bras et dites-lui : "Nous allons dire bonjour aux autres enfants." Et emmenez-le vers les autres petits en restant tout près de lui pour lui apprendre à entrer dans leurs jeux et à dire bonjour. Vous vous collez à lui, de telle sorte que vous agissez pour lui, par votre voix, en disant bonjour à la petite fille et en essayant tout de suite de construire un pâté de sable ensemble. Ainsi, vous allez lui apprendre à entrer en relation avec l'autre autrement que par des pulsions agressives.

– Et lorsque c'est sa nounou qui le conduit, il est agressif aussi, et tout le monde s'en plaint !

– Évidemment, la nounou n'aura peut-être pas la même disponibilité tendre que vous. Il faut le lui apprendre. Je vous propose de revenir avec la nounou pour que je lui explique la bonne stratégie. En effet, cela passe par le comportement de l'adulte à l'arrivée du petit au square. »

Les consultations sont ainsi bien plus efficaces lorsqu'on peut voir la mère, le père, les grands-parents... et la nounou !

7

Les gros mots (3-5 ans)

Voici venu le temps des colères contrôlées, votre adorable bout de chou sait dire « bonjour » et « merci », vous êtes heureux de le présenter à vos amis, jusqu'au jour où il vous lance devant eux un tonitruant « caca-boudin » ! Aurait-il appris cet affreux mot à l'école ? Faut-il en rire ou en pleurer ?

La scatologie

À partir de 3 ans, vous êtes très fiers parce que votre enfant a acquis la propreté. Mais c'est justement parce qu'il est sorti de ce que les psychanalystes appellent « le stade anal » qu'apparaît ce besoin de provoquer avec des mots scatologiques. En quelque sorte, pour se consoler de la maîtrise de ses sphincters, l'enfant évacue son trop-plein d'énergie sous forme de gros mots. Il a parfaitement conscience que ce sont des formules interdites mais, justement, vous provoquer devant ses camarades ou devant des amis est sa façon d'exprimer qu'il est capable de s'opposer, qu'il n'est plus un bébé puisqu'il a acquis la propreté sphinctérienne, mais qu'il peut provoquer par des mots grossiers. Oser choquer son papa ou sa maman devant les autres, c'est signifier que l'on n'est plus un bébé entièrement dépendant.

Vous êtes d'autant plus choqués que c'est bientôt l'escalade des gros mots. La violence intérieure à l'enfant pousse à la compétition, et le caïd est souvent celui qui a trouvé le « super gros mot ». C'est l'âge aussi où il aime les héros monstrueux et répugnants, les pâtes glauques. Plus l'objet est proche des excréments, plus on peut jouer avec les mots scatologiques, plus on est excité. Certains enfants sont beaucoup plus adeptes des gros mots que d'autres. Ils veulent ainsi exprimer les souffrances qu'ils ont ressenties pour l'acquisition de la propreté. Plus on leur aura fait honte lorsqu'ils se sont souillés, plus ils auront d'imagination et aimeront répéter leurs trouvailles scatologiques en boucle. Ils entrent en compétition par rapport aux autres enfants mais également par rapport aux adultes. Il est alors important que vous soyez spontanés, c'est-à-dire qu'il est permis de rire la première fois qu'est dit le gros mot, mais ensuite vous devez vous comporter en adulte et demander à l'enfant de réserver ses expressions à ses camarades, voire d'aller les dire aux toilettes, c'est-à-dire dans un endroit qui ne choque pas vos oreilles.

L'immaturité du cerveau enfantin

Nous avons déjà vu l'importance de connaître les étapes du développement cérébral à propos des colères. Ces étapes expliquent aussi la jouissance que peut ressentir votre enfant à énoncer des chapelets ininterrompus de gros mots. En effet, la zone des émotions se tient dans la partie frontale du cortex cérébral. C'est elle qui nous pousse à nous exprimer sans frein. Chez les enfants qui ont été beaucoup grondés, battus ou humiliés, le développement cérébral et, en particulier, les liens avec la zone plus profonde, appelée « zone limbique » (voir p. 52 et 68), qui exerce justement un pouvoir frénateur sur cette zone frontale, n'ont pas pu se développer harmonieusement. Nous le constatons chez les traumatisés crâniens atteints du « syndrome frontal », qui peuvent dire des gros mots dans des circonstances tout à fait déplacées. L'enfant qui a subi un comportement éducatif agressif ne saura pas, lui non plus, inhiber son cortex frontal et aura beaucoup plus de mal à maîtriser ses gros mots qu'un autre.

Vous devez donc éviter les humiliations. Tolérez une certaine dose de fantaisie et d'opposition et montrez simplement que les gros mots ne vous intéressent pas. Extrayez-vous de cette agressivité verbale. Plutôt qu'abuser des sanctions, mieux vaut faire diversion et proposer à l'enfant autre chose, par exemple une activité distrayante. Le punir risquerait de l'habituer à vous provoquer encore plus, avec ce qu'il a vu être efficace : les gros mots.

L'humour

L'humour caractérise l'être humain. Les enfants ont un humour très différent de celui des adultes. L'humour adulte est souvent caractérisé par la dérision. Pour un enfant, celle-ci est inquiétante. Certains enfants pleurent et sont par exemple extrêmement mal à l'aise devant des clowns, alors qu'ils riront devant des marionnettes, devant Polichinelle, expression de leurs pulsions, bonnes et mauvaises. Leur problématique est de mettre de l'ordre dans leurs émotions. L'humour des enfants commence dès le premier âge dans les jeux de cache-cache et soutient la recherche de leur identité. Ils ont donc besoin d'une certaine logique dans l'humour. Si vous regardez les films pour enfants inspirés des contes de fées, par exemple de Walt Disney, vous verrez que ceux qui ont le plus grand succès comportent toujours des personnages drôles et ridicules, le ridicule étant une forme de faiblesse

(Cruella, le Capitaine Crochet). Se moquer de ces personnages rassure l'enfant sur sa propre faiblesse. C'est pourquoi un bébé rira beaucoup plus aux plaisanteries et aux jeux de son grand frère qu'aux vôtres.

Je connais des familles où le père pratique un humour fondé sur la dérision. On voit certains enfants l'imiter, mais cet humour devient beaucoup plus agressif vis-à-vis des parents que l'humour naturel d'un enfant. C'est pourquoi, si vous ne voulez pas que votre petit vous agresse avec des réflexions narquoises, faussement drôles, évitez vous-même d'en employer envers lui.

Toi, c'est toi, et nous, c'est nous

Après avoir été, dans ses premiers mois, complètement fondu en vous, puis avoir découvert son identité propre et s'être opposé à vous pour bien préciser qu'il est « autre », maintenant votre enfant découvre qu'il doit tenir compte de vos désirs. Toute son éducation va être ce long chemin de compromis entre son « moi » et les désirs de l'« autre », c'est-à-dire avant tout de ses parents, puis de ses professeurs et, enfin, de ses pairs. Petit à petit, il va prendre conscience que les autres sont aussi des êtres humains qui ont droit à leur propre chemin. Il va donc falloir faire reconnaître à l'enfant qu'il est différent, qu'il peut avoir des désirs contraires aux nôtres et que cela n'empêchera pas que nous l'aimions.

Si, par le temps passé en commun, le jeu et les échanges, vous avez donné à votre enfant une bonne conscience de lui-même et de sa place parmi les autres, il aura ce qu'on appelle un « moi fort » et sera sociable.

Par contre, si vous n'avez exprimé aucune opposition à ses désirs par peur de le contrarier, ou si, à l'inverse, vous avez été trop absent, si vous avez été violent, l'avez rabroué et lui avez appris à inhiber ses émotions plutôt qu'à les exprimer, il sera dominé ce que l'on appelle le « ça », c'est-à-dire ses pulsions primitives. Il recherchera de façon pulsionnelle des satisfactions intérieures par la nourriture, par les cadeaux, en exigeant avec force et en trépignant d'avoir tel jouet à la caisse du supermarché. Vous vous sentirez agressés par ses désirs incessants. Si vous cédez, le laissant tributaire de ce désir permanent d'avoir quelque chose, ou de manger quelque chose pour sentir qu'il existe, l'enfant ne construira pas ce qu'on appelle son « surmoi ». Cette troisième composante psychique permet de dominer ses pulsions et d'accéder à un compromis entre violence et soumission. Elle conduit à l'établissement d'une personnalité équilibrée et sociable.

4 ans, elle ne supporte pas que je téléphone

Comment ! Oseriez-vous échanger avec quelqu'un d'autre que mademoiselle ? Tant que vous jouez avec elle, ou que vous vaquez en commentant vos gestes, elle est aux anges. Mais dès que votre meilleure amie vous appelle au téléphone, elle vient interrompre la conversation, se met à sangloter. Et si vous essayez de ne pas en faire cas, vous retrouvez les murs du salon tagués au feutre indélébile…

Entre 4 et 9 ans, le cerveau travaille deux fois plus que le nôtre, à l'âge adulte… Voilà pourquoi votre enfant a besoin que toute votre attention soit mobilisée pour lui répondre, pour lui apprendre le monde, pour lui transmettre vos valeurs. « Elle ne sait pas jouer toute seule », me dites-vous. Bien sûr ! Parce qu'à cet âge elle enrichit ses synapses, les articulations chevelues entre ses neurones. C'est une étape capitale de son développement, et toute solitude lui est insupportable…

Mais chacun a le droit de se détendre ! Certes, mais évitez de la culpabiliser et réjouissez-vous d'être le pilier indispensable à sa découverte du monde. Vous tissez ainsi des liens indéfectibles dont vous aurez bien besoin à l'adolescence. Sachez simplement trouver des relais : le père, les grands-mères, un atelier passionnant. « Il faut tout un village pour élever un enfant », dit-on en Afrique.

5 ans, elle ne s'habille pas le matin

Elle rêve et, si vous ne l'habillez pas, vous serez en retard. On vous a pourtant dit qu'elle devait acquérir un minimum d'autonomie. Eh bien, rien à faire ! Vous avez préparé ses vêtements, mais elle reste le nez collé au dessin animé, sirotant son chocolat. Voilà quatre fois que vous lui demandez de s'habiller, aucune progression. Et c'est ainsi chaque matin ! Ne parlons pas des chaussures, même avec les scratchs les plus simples à mettre, il faut les enfiler vous-même si vous ne voulez pas qu'elle se mette sa maîtresse à dos par ses retards répétés. Évidemment, vous ne direz rien à l'institutrice, qui insiste tellement pour que les enfants soient « au-to-nomes ».

Pourquoi certains enfants sont-ils si « mous » quand il s'agit de s'habiller ? Reconnaissons-le, du temps d'Adam et Ève, sous les tropiques, il ne fallait pas enfiler les uns sur les autres, culotte, collants, tee-shirt, pull, pour s'engoncer dans un encombrant manteau et de lourds godillots alors qu'on est encore dans un appartement chauffé, engourdi par un demi-sommeil… C'est une véritable torture que la société occidentale impose à nos petits alors qu'ils n'ont qu'une envie : jouer et rêver. Ceux qui ne s'habillent pas seuls ne sont pas des immatures de l'autonomie mais souvent, au contraire, des précoces qui ont plein de riches pensées dans la tête…

Un coup de main, ce n'est pas le déshonneur… D'abord, évitez d'allumer la télévision le matin, qui met l'enfant « off » de tout ce que vous pourriez lui demander. Essayer de prendre votre petit déjeuner avec lui, de parler de sa vie le fera atterrir dans le concret. Et aidez-le sans vergogne à s'habiller... Il deviendra autonome lorsqu'il sera réellement motivé par une invitation chez un copain ou un cours de judo passionnant ! Simplifiez l'habillage au maximum : pas de minuscules boutons ni de fermeture trop complexe pour sa fameuse « pince pouce-index » encore si petite...

Parler ni trop ni trop peu

Nous avons vu depuis le début de ce livre l'importance d'apprendre à votre enfant à communiquer avec des signes, avec des mots, pour qu'il ne s'exprime pas avec ses poings et ses pieds. Les enfants précoces sur le plan verbal sont généralement les moins agressifs, alors que ceux qui ne peuvent pas s'exprimer facilement chercheront à prouver leur supériorité par leur rapidité à lever le poing. Ainsi y a-t-il toujours un équilibre entre agressivité et retard de langage.

Mais point n'est besoin, à cet âge encore, de trop parlementer. Je connais des mères terriblement raisonneuses qui irritent leur enfant par leurs discours permanents, rationnels et moralisateurs. Les enfants en deviennent agressifs, beaucoup trop enclins à répondre et à négocier. Par contre, savoir raconter des histoires à votre enfant est extrêmement important car, alors, vous augmentez son vocabulaire et l'habituez à conceptualiser.

> ***Ces mots qui suscitent l'agressivité***
>
> – Eh bien, si tu crois que tu es beau quand tu pleures !
> – ???

À l'école

L'entrée en maternelle peut représenter une agression faite à l'enfant, dans notre pays, souvent aussi chirurgicale que ce que nous avons vu pour l'entrée à la crèche à 3 mois, ou à la halte-garderie dans le courant de la deuxième année de vie. C'est-à-dire que l'on ne respecte pas le besoin de progressivité et de présence maternante, malgré le nom de cette école qui devrait se vouloir « maternelle ». Cette atmosphère où trente tout-petits entrent ensemble, en hurlant, séparés d'une mère qui a elle-même souvent le cœur serré donne à l'enfant l'image d'un monde cruel. On accuse trop les parents de démissionner, confiant dès lors l'éducation de leur enfant à la maîtresse, mais on les implique si peu actuellement, on leur ouvre si peu les portes de l'école ! Il est normal qu'ils la considèrent dès lors comme un espace fermé où

LES GROS MOTS

les enseignants doivent se débrouiller avec l'agressivité des enfants.

Or, nous l'avons vu, cette agressivité se développe rapidement dans notre société, du fait de la culpabilisation des mères qui ont perdu elles-mêmes confiance en leur instinct, et du fait de la mise en collectivité trop précoce favorisant les pulsions violentes. Il ne faut donc pas s'étonner que l'on retrouve cette violence dans les cours d'école, d'autant plus qu'elles sont souvent mal surveillées à cause du trop faible nombre d'enseignants chargés de cette surveillance. Aussi les enfants sont-ils extrêmement agressifs et viennent-ils de plus en plus à l'infirmerie avec des blessures.

Là encore, le message « Il faut qu'il apprenne à se défendre » est extrêmement dangereux, véhiculant l'idée d'une bataille nécessaire au lieu d'éduquer l'enfant au respect de l'autre et à la verbalisation des conflits. Il faut aussi parler de la cantine autrefois surveillée par les maîtresses, mais de plus en plus livrée à des surveillants intérimaires qui n'ont pas une formation adaptée et laissent les petits bagarreurs prendre le dessus, tout cela dans une atmosphère de bruit infernal. Ce qui me préoccupe, en tant que pédiatre, n'est pas tant la qualité diététique, pour laquelle les cantines ont fait de gros progrès, qualité souvent supérieure à celle de la maison, mais les décibels et la violence qui, eux, vont en augmentant. À noter aussi que les punitions corporelles représentent encore 3,3 % des cas de punition à l'école primaire, selon une étude bordelaise[1].

Faut-il systématiquement cautionner l'autorité verbale du maître ?

Cette autorité sera reconnue par l'enfant si elle est juste. Souvent, lorsque je demande aux enfants si leur maîtresse est sévère, ils me disent « oui » avec un sourire, en me précisant qu'ils l'aiment, qu'elle est « sévère, mais gentille », ce qui signifie qu'ils sont reconnaissants de la parole du maître.

Par contre, ils sont capables de déceler la moindre injustice, même envers un autre enfant, et ils peuvent être traumatisés par la violence verbale d'un enseignant même quand elle ne les concerne pas directement : déchirer un dessin ou trouver qu'un travail est « nul » est extrêmement agressif de la part d'un maître. Dans ce cas-là, il n'est pas souhaitable de cautionner. Il faut plutôt dire à votre enfant que vous le comprenez, que « cette année, nous ne sommes pas tombés sur un instituteur facile ». Essayez de parler avec l'instituteur, avec le directeur, pour faire comprendre la sensibilité particulière de votre enfant et, bien souvent, vous verrez les rapports s'améliorer, et le maître modifier son attitude.

---

1. *Le Monde,* 25 septembre 2000.

En revanche, si c'est vraiment impossible, ce qui arrive dans de rares cas, et si aucun changement de classe n'est envisageable, votre enfant sera plus fort pour accepter ce comportement agressif et illogique de l'adulte s'il sent que ses parents le comprennent. Pour autant, il n'est pas question d'être le soutien inconditionnel d'un enfant agressif. Mais être un médiateur est important. Ne croyez pas que vous n'ayez jamais à intervenir auprès de l'école et ne dites pas à votre enfant systématiquement qu'il faut se débrouiller et que le maître a toujours raison car, alors, il se sentirait seul et incompris. Combien d'adultes nous disent avoir ainsi souffert de ne pas avoir rencontré la compréhension de leurs parents. Il faut que les parents apparaissent aux enfants comme reconnaissant leurs paroles et essayant de les comprendre et de les soutenir.

Ces jeux qui font des blessés à la récréation

Les enfants vous parleront du « petit pont meurtrier » (ou « massacreur »), dit PPM ! C'est une nouvelle version de la balle au prisonnier, très à la mode dans les cours d'école. Un enfant seul dans son camp lance un ballon en direction d'un groupe d'adversaires. Si le ballon passe entre les jambes de l'un d'entre eux, à la manière d'un petit pont, c'est la ruée. Le tireur et les autres gamins de l'équipe-cible tombent à bras raccourcis sur le perdant et le rouent de coups.

Une partie peut attirer jusqu'à cinquante « joueurs » qui participent pour le plaisir de frapper. Dans la même gamme, on peut ajouter le « jeu de la canette » ou le « carton rouge » qui donnent aussi un prétexte au groupe pour brutaliser un enfant dans la cour de récréation. Cela permet aux forts de prouver qu'ils le sont, de s'affirmer, et aux faibles de se fondre dans le groupe et de s'en prendre à plus faible qu'eux. Ces jeux sont bien connus dès l'école primaire. « Dès la maternelle, aujourd'hui, les grands font tomber les petits et les autres en profitent pour donner des coups de pied à celui qui est à terre », comme en témoigne un chef d'établissement [1].

Le « jeu du foulard », que nous verrons plus loin et qui est pratiqué par les adolescents, s'étend aux écoliers. Dans la Seine-et-Marne, c'est un enfant de 7 ans qui a ainsi été retrouvé par sa mère avec un hématome tout autour du cou. Il a expliqué comment deux de ses camarades de 6 et 7 ans l'avaient attaché à un poteau avec une écharpe autour du cou qu'ils avaient serré de plus en plus fort. Jonathan, lui, n'avait que 13 ans quand il est mort le 19 juillet 2000 dans les mêmes conditions.

Pourquoi les enfants acceptent-ils ces pratiques violentes, à leur détriment ? On a parlé d'une recherche d'émotions fortes, d'hallucinations. Mais lorsque l'on écoute les écoliers et

---

1. *Le Parisien*, 21 novembre 2001.

les collégiens, il apparaît qu'il s'agit plutôt d'un rite initiatique permettant de se sentir intégré au groupe. On comprend que les enfants qui ont des difficultés à se faire reconnaître par les autres puissent accepter un jeu aussi dangereux. À l'adolescence, la recherche d'une exploration individuelle des sensations, à l'abri du regard des autres, peut pousser l'enfant, ensuite, à le pratiquer lui-même seul chez lui. On s'en remet au destin, on frôle la mort sans la rechercher de manière intentionnelle. Cette attitude limite est très inquiétante.

Pour prévenir l'effet de ces jeux, il faut en parler à tous les enfants ; en parler très tôt pour expliquer de quoi il s'agit, dès l'école primaire, pour expliquer qu'il y a des « imbéciles » qui veulent dominer les autres par la force jusqu'à l'extrême et pour mettre en garde l'enfant contre ces pratiques avant l'adoles-cence ; en parler sans donner de détails trop précis car cela peut inspirer certains d'entre cux, les plus perturbés psychologiquement.

Les signes qui doivent vous alarmer

Votre enfant n'osera pas vous dire qu'il est victime du groupe, porteur des représailles, sinon vous chercherez à tort à banaliser ses plaintes. Vous devez vous alarmer si :
– il a du mal à s'endormir ;
– il se réveille la nuit ;

– il pleure fréquemment ;
– il ne veut plus aller à l'école ;
– son comportement s'améliore totalement pendant les périodes de vacances.

Alors vous devez l'encourager (ne pas hésiter à lui lire des livres ou à lui raconter des histoires qui peuvent l'inciter à parler d'un héros qui serait victime des méchants). Un enfant parle toujours plus facilement si l'on évoque ses copains, ou par le biais d'histoires imaginaires.

Ainsi, selon une étude menée par Éric Debarbieux, chercheur à l'université de Bordeaux-II, un tiers des élèves de l'école primaire juge qu'il y a beaucoup de violence dans leur établissement. L'école primaire n'est donc plus le havre de paix qu'elle était. Et ne parlons pas de la violence apparue dans les toilettes des enfants. Je rencontre des petits qui se retiennent d'y aller pendant toute la journée car les bousculades, les ricanements, la fermeture des portes, autrefois exceptionnels et réprimandés par les adultes, sont aujourd'hui le quotidien de nombreux enfants.

8

Les garçons et les filles

Il semble évident à tout un chacun que l'agressivité est plutôt l'apanage des garçons, qui aiment les jeux violents et sont, plus souvent que les filles, auteurs d'actes de délinquance. Pourtant, on observe que l'agressivité des filles augmente. Elle est inconsciemment favorisée par les parents dès les premières années. Les filles sont renvoyées à une nouvelle identité féminine, mélange de séduction et d'émancipation. La petite fille intrépide, considérée autrefois un peu négativement comme un « garçon manqué », est aujourd'hui appréciée comme une débrouillarde, plus apte à affronter, tel un homme, les difficultés de la vie. Ce qui est frappant et très nouveau, c'est que les filles, les très jeunes de moins de 10 ans, peuvent aujourd'hui être extrêmement redoutables. On voit des fillettes de plus en plus agressives en mots avec leurs parents, puis en actes contre la société, formant des bandes d'adolescentes capables d'actes délictueux dans les villes. Cette nouvelle agressivité des filles est inquiétante car, au lieu de modérer l'agressivité naturelle des garçons, elle l'exacerbe.

La télévision

Selon les résultats d'une enquête explosive menée par les chercheurs de l'université de Columbia à New York, la violence à la télévision conditionne, de manière certaine, le développement de l'agressivité chez les enfants. Réalisée pendant dix-sept ans sur sept cent sept enfants, c'est l'étude la plus complète jamais menée à ce jour. La télévision américaine – et la télévision française s'en inspire – montre en moyenne chaque soir aux enfants sept meurtres, et trois ou quatre crimes violents toutes les heures.

Or, plus un enfant passera de temps devant le petit écran, plus il aura de chances de devenir violent. Les chercheurs de Columbia ont recoupé le nombre d'heures consacrées quotidiennement aux programmes télévisés par des enfants de 13 et 14 ans ; puis les informations données par la police et le FBI pour savoir si des enfants avaient été impliqués dans des actes de violence. Le résultat est clair : près d'un tiers des enfants regardant la télévision plus de trois heures par jour a commis, ou commettra, un acte violent entre 16 et 22 ans. Les garçons sont plus influençables que les filles. Un garçon qui regarde la télévision plus de trois heures par jour, en moyenne, sera impliqué dans quarante-deux agressions graves (une violence envers autrui qui entraîne une blessure), contre seulement neuf pour celui qui ne suivra les programmes télévisés qu'une heure par jour. « Bien sûr, a précisé Jeffrey Johnson, professeur en psychologie à Columbia, dans la revue *Science,* il faut prendre en compte d'autres facteurs tels que le milieu socio-économique et l'histoire familiale de chacun. Mais, même en prenant tout ça en compte, la télévision apparaît comme l'un des facteurs les plus déterminants de la violence en germe chez l'enfant. »

Les chercheurs relatent deux accidents survenus l'année dernière aux États-Unis. Un enfant de 13 ans est mort brûlé vif en essayant de réaliser une cascade qu'il avait vue à la télévision ; un autre de 12 ans a tué son camarade de jeux de 6 ans en tentant d'imiter un match de catch. Les filles sont nettement moins influencées par la télévision. Elles sont seulement 12,7 % à tomber dans la délinquance lorsqu'elles la regardent plus de trois heures par jour.

Et le problème s'alourdit car on constate que les effets de la télévision engendrent la violence à long terme. Le nombre d'heures passées à regarder la télévision pendant l'enfance peut continuer à affecter une personne adulte jusqu'à l'âge de 30 ans ! Car la télévision change de façon durable la perception qu'un individu peut avoir du monde. Elle désensibilise. Plus les enfants assistent de façon répétée à des actes de violence, moins ils ressentent de compassion pour les victimes. Par ailleurs, la télévision renvoie une image du monde où il apparaît plus dangereux qu'en réalité et, du coup, les adolescents sont tentés de réagir plus violemment que la normale aux problèmes qu'ils rencontrent. On observe *in fine* comme une immunisation contre la violence et une sorte de froideur envers les gens qui sont blessés.

Ce type d'étude souligne les effets nocifs de la télévision sur les adolescents, qui peuvent être tout autant affectés que les enfants. Ils y sont même plus sensibles car leur système nerveux n'a pas fini de se développer, et ils n'ont pas encore l'expérience de la vie qui permet aux adultes de prendre de la distance.

Autant de constats très effrayants, puisque 56 % des enfants américains ont une télévision dans leur chambre. Nous allons, en France, vers une évolution à l'américaine.

Les bonnes attitudes

– Choisir les programmes de télévision avec votre enfant.

– Utiliser le magnétoscope pour décider de l'heure à laquelle il les regardera.

– Partager le temps passé devant la télévision avec vos enfants, commenter les émissions pour en souligner le sens.

– Ne pas dépasser le temps légitime pour un enfant.

– Ne pas mettre de poste de télévision dans la chambre de votre enfant jusqu'à la fin de son développement, c'est-à-dire jusqu'à son dix-huitième anniversaire.

Les jeux de garçons

Les armes

Les parents me demandent souvent s'il faut interdire les jeux de guerre aux enfants. Je pense là à cet oncle qui, le jour de Noël, cassa en deux le pistolet de cow-boy que venait de recevoir son neveu. Mais ce n'est pas faire preuve d'un pacifisme éclairé que d'interdire à un garçon de jouer avec des armes factices. Il détournera l'usage du manche à balai, de la planche de bois pour s'en faire un pistolet, tant l'idée de combattre et de poursuivre l'autre avec une simili-arme est intrinsèque à la virilité. C'est donc plutôt un geste grave, une sorte de castration, que de casser le jouet de l'enfant. Par contre, vous devez lui dire que :

– cela vous met mal à l'aise, qu'il aille jouer avec ses camarades, mais pas avec vous ;

– bien sûr, c'est un pistolet factice, ce n'est qu'un jeu, ce n'est pas « en vrai » car, dans la réalité, les armes vous font peur et vous dégoûtent.

Ainsi, vous vous positionnez comme un adulte qui transmet ses valeurs avec le principe de réalité, mais vous permettez à votre fils de laisser se dérouler sa vie fantasmatique. S'il vous poursuit avec l'arme en disant « Je te tue ! », sachez que la notion de la mort est très mystérieuse pour les jeunes enfants : ils pensent qu'elle est réversible jusqu'à l'âge de 5 ans ; puis que le mort ne peut pas bouger, mais qu'il mange et continue de voir dans sa tombe. C'est seulement vers 7 ou 8 ans qu'ils perçoivent le caractère irréversible de la mort. C'est pourquoi, ne vous sentez pas réellement visé quand votre fils vous dit : « Je te tue ! » Mais vous devez aussi montrer que cela vous est fort désagréable et ne pas tomber avec complaisance dans un jeu d'enfant.

Les jeux vidéo

Les jeux vidéo sont accusés d'exacerber la violence de l'enfant. Combien de mères me décrivent leur enfant halluciné, les yeux exorbités, agité et transpirant lors d'un jeu vidéo pendant lequel il oublie totalement son environnement. Il faut bien dire que :
– le grand défaut des jeux vidéo est de s'appuyer sur les pulsions agressives de l'enfant

pour le passionner et accaparer entièrement son attention ;

– l'enfant s'identifie d'autant mieux au héros que les jeux ont des effets spéciaux rapprochant de plus en plus le virtuel du réel.

Aussi, si le personnage central est violent, l'enfant entre complètement dans l'univers fictif qui s'offre à lui. La violence est souvent au premier degré : il faut battre et tuer. C'est pourquoi les parents ont un véritable rôle à jouer. Il faut savoir interdire un jeu lorsqu'il est violent. Votre enfant ira peut-être y jouer chez un copain, mais il aura déjà la notion de vos valeurs. Même s'il transgresse cet interdit, en avoir la notion est extrêmement important pour son éducation. C'est également pour la même raison qu'il faut préférer les jeux d'adresse où la violence n'est pas exacerbée : les épreuves en finesse, les parcours nécessitant concentration et vivacité, et les labyrinthes au cœur desquels il faut trouver des trésors sont tout à fait recommandés car ils confortent l'enfant qui se sent si faible, sur sa vitalité et sa tonicité.

Les fabricants proposent de plus en plus un codage compréhensible imprimé sur les boîtes des jeux vidéo en indiquant l'âge en dessous duquel le programme est déconseillé. Sachez vous en servir pour éduquer l'esprit critique de votre enfant.

Les jeux de filles

Même de nos jours, les jouets sont très sexués : aux filles les poupées, les batteries de cuisine, les appareils ménagers miniaturisés ; aux garçons les épées, les petites voitures et les jeux électroniques.

Mais il ne faut pas s'y tromper, les filles aussi sont en recherche de puissance et leur poupée fétiche est une « superwoman », mélange de séduction et d'émancipation. Destinée à l'origine aux petites filles d'une dizaine d'années, leur poupée préférée, Barbie, à la plastique érotique et dominatrice, est aujourd'hui le jouet des 4-6 ans. Le modèle pour la fillette n'est pas tant d'être une future maman qu'une femme libre qui dirige sa vie et possède sa voiture, son cheval et son avion… En même temps, nous observons que les mêmes filles qui ont joué jusqu'à la puberté avec ces poupées mannequins vont ensuite adopter des tenues très neutres, presque un uniforme, et passent facilement du *too much* de Barbie à la sobriété d'Agnès B. Cela parce que la poupée mannequin, c'est le rêve. Elle doit avoir les excès d'une princesse, la grande chevelure pleine de paillettes et les tenues luxueuses qui font rêver et qui permettent de se consoler de la faiblesse de l'enfance. Ce n'est pas pour autant que l'enfant qui a joué avec ces poupées sera ensuite dans le rêve de surpuissance.

C'est pourquoi il n'y a pas de danger à laisser jouer nos enfants, garçons et filles, avec leur pistolet ou leur poupée. Le danger est plutôt de ne pas communiquer avec eux. C'est l'absence de parole qui rend l'enfant agressif et non pas le choix de son jeu. Télévision, jeux vidéo, poupée star ne font pas de mal aux enfants qui en usent modérément, s'ils ont de grands moments de communication et d'échanges avec leurs parents.

9

L'agressivité raisonnée (7-12 ans)

Cette période, appelée par les psychanalystes « période de latence », est un moment de relative tranquillité pour la famille. L'enfant s'assimile à ses amis d'école, qu'il a choisis ou qui l'ont choisi. Il se sent l'égal de ses pairs et partage leur centre d'intérêt, déjà plus rationalisé qu'auparavant mais qui n'est pas encore soumis à la tornade des hormones.

C'est l'âge où l'enfant essaie de s'intégrer au groupe social et où il est entièrement réceptif aux apprentissages scolaires et éducatifs. Il n'est plus, et pas encore, dans l'opposition à ses parents, mais dans ce qu'on appelle « l'effort de sublimation ». C'est la période où tout est dirigé vers les copains et le maître d'école, celle de la socialisation, où il y a le moins de violence exprimée, l'enfant refoulant ses pulsions pour se tourner vers des apprentissages sociaux : politesse, règles de grammaire ou de mathématiques. C'est la période la plus facile apparemment pour l'éducation.

La part normale d'agressivité

Même durant cette accalmie, il y a chez le garçon une part normale de recherche de jeux physiques et de compétition sur le registre de la force. Malgré la facilité apparente de cette période, une part d'agressivité latente est toujours en veilleuse. Mais elle est normalement détournée vers les pulsions de réussite scolaire et relationnelle.

Chez la fille aussi, l'agressivité s'exprime, mais sur le plan verbal, par des querelles et des rivalités amicales. Lorsque la fille est en colère contre son environnement, elle ne le montrera pas par des gestes brutaux comme le garçon, mais elle retournera la colère contre elle-même, avec des maux de ventre, des troubles du sommeil.

Tant que cette part normale d'agressivité physiologique n'envahit pas le comportement et ne submerge pas l'enfant au point de nuire à ses relations, à son plaisir d'être en société, d'apprendre et d'avoir des camarades, tant qu'elle ne rend pas la vie de famille compliquée, il faut l'admettre.

Des sports pour se défouler ?

Les parents ont souvent le sentiment qu'inscrire le garçon au judo ou au football calmera son agressivité. Ce n'est pas une méthode magique. Si le professeur de judo associe à ses cours une philosophie pacifique, l'enfant peut y apprendre à utiliser sa force de façon maîtrisée. Mais, bien souvent, nous retrouvons le même garçon s'exerçant à faire des prises sur ses frères ou sur ses amis, en ayant plutôt la fierté de la force que la notion de son contrôle.

Il est plus important de canaliser cette énergie vers des jeux de réflexion comme les jeux de société, la création artistique ou le théâtre, qui permettent à l'enfant de verbaliser ses images mentales, et d'apprendre à s'exprimer autrement qu'avec ses mains et ses pieds. Le sport est donc bien sûr une bonne chose pour le corps et pour l'esprit, mais ce n'est pas un dérivatif à l'agressivité. Le meilleur dérivatif est le développement des circuits de communication par le langage.

Savoir se défendre

La culture des parents d'aujourd'hui tend à pousser l'enfant à s'équiper de réponses musclées pour « savoir se défendre ». Cette philosophie est en fait un encouragement à l'agressivité. Heureusement, des campagnes commencent à poindre dans les écoles, où l'on encourage les enfants à se respecter et à verbaliser leurs conflits, à chercher un médiateur auprès des professeurs, plutôt qu'à répondre à la violence par la violence, ce qui ne peut que conduire à une escalade. La récente prise de conscience par la société de la nécessité de fixer des limites est encore balbutiante. Je crains que, mal comprise, elle n'encourage les parents à répondre à l'agressivité de l'enfant par l'agressivité. Lorsqu'on parle de reprendre de l'autorité, on confond bien souvent autorité avec comportement agressif, soit par des mots soit par des gestes, de la part des parents.

Dans ces conditions, les parents sont tentés de culpabiliser l'enfant victime de ne pas savoir se défendre. Mais, nous l'avons vu, plus l'enfant verbalise, plus il est subtil, mieux il parle, plus il réfléchit, plus il réussit en classe et moins il est naturellement agressif. Lui dire qu'il doit apprendre à se défendre, c'est le mettre en porte-à-faux par rapport à la culture précédemment inculquée et, de toute façon, comment se défendre lorsqu'on est seul contre toute une bande ? Je mets donc les parents et les enseignants en garde contre cette attitude qui consiste à reporter toute la responsabilité sur l'enfant qui ne saurait pas se défendre. En consultation, je réponds au parent qui me dit que son enfant ne sait pas se battre : « Mais il

L'AGRESSIVITÉ RAISONNÉE

ne peut pas se défendre ! » Et alors, je vois l'enfant chagrin ouvrir son visage d'un beau sourire et d'un regard de reconnaissance car, en effet, il ne peut pas se défendre. Et plus il est subtil et intelligent, moins il peut se battre, sauf en amenant un canif ou une arme. Est-ce vers cela que l'on veut tendre ? La plupart des jeunes pensent que leurs parents n'ont pas vraiment connu la violence, ou que leur expérience en la matière est complètement dépassée et d'une autre nature que la leur. Aussi la morale qui prévaut chez eux est qu'il n'y a rien à faire. Ce défaitisme douloureux et profond, presque dépressif, conduit à rechercher et à s'entourer d'une bande avec laquelle on sera hypersociable, presque caméléon, pour ne pas être démuni.

Il est du devoir des parents de protéger ceux qui sont désignés comme des victimes. Ce ne sont pas en réalité les plus faibles, mais ceux qui ont de bons résultats scolaires et dont il faut se venger. L'adulte doit redevenir une réelle référence. C'est pour cela que les campagnes qui visent à remplacer l'attaque par le respect, les coups par la parole, ainsi que l'adage de Dolto qui disait : « Tu es fort lorsque tu es plus fort que tes mains », ouvrent les meilleures pistes d'éducation. Et les enseignants doivent, d'une part, mettre en place des cours de respect dans le cadre de l'éducation civique et, d'autre part, encourager les enfants à venir trouver l'adulte, dont le devoir est de parler et de transmettre la loi aux enfants violents. Il faut expliquer que s'ouvrir aux adultes de ces violences n'est pas de la délation, mais un encouragement à énoncer la loi. Aux bagarreurs, il faut apprendre combien c'est un signe de faiblesse que de chercher à s'exprimer par les pieds et les poings plutôt que par la parole. Les enfants doivent se retrouver en face d'adultes dont le rôle est de donner l'exemple et de faire respecter la règle.

Cette éducation suppose une participation des parents. On leur a beaucoup trop fermé les portes et, quand on cherche à les réimpliquer, ils n'ont plus d'autorité sur leurs enfants. Je leur conseille donc de demander régulièrement à voir l'instituteur, même lorsque tout semble aller bien, mais surtout bien sûr lorsque des signes de souffrance psychologique se manifestent chez leur enfant.

Quand frères et sœurs se battent

Vous rêviez d'une fratrie idyllique, et vous avez l'impression d'avoir engendré les « Gremlins ». Inutile de chercher lequel a commencé, ils s'accusent en permanence. Les coups pleuvent, ils se poursuivent, ont l'air de jouer au début et puis, immanquablement, c'est le drame, l'un pleure, l'autre frappe... Vous voilà

L'AGRESSIVITÉ RAISONNÉE

vous demandant pourquoi vous avez pris un temps partiel, vous faisant une joie de rentrer tôt... Heureusement, ils arrivent à s'entendre lors de quelques miraculeuses éclaircies, qui deviennent de plus en plus rares !

C'est pour vous qu'ils se battent ! Remarquez que les batailles sont bien plus fréquentes lorsque vous êtes là. Avec la baby-sitter ou les grands-parents, ça se passe mieux. Car les pugilats sont le meilleur moyen d'occuper à cent pour cent votre cœur de mère : impossible de lire votre magazine préféré, de téléphoner à vos amis ou de regarder un feuilleton à la télévision, avec ces cris. Vous êtes entièrement accaparée pour savoir qui a raison, tort, a fait mal à l'autre... Ils sont ainsi certains de vous avoir toute à eux

En entrant dans leur scénario, vous retombez vous-même en enfance... Cris, morale, suppliques sont parfaitement inefficaces et font de vous l'otage de leur système, exactement le but inconsciemment recherché, même s'ils se sentent coupables en même temps de vous gâcher vos soirées. Ils n'ont pas la solution. C'est donc à vous de rester adulte : chacun chez soi ! Dès que les frères et sœurs se cherchent, réservez un endroit à chacun. Si vous avez une chambre par enfant, c'est aisé ; sinon, le salon pour l'un, la chambre pour l'autre ; un cours de dessin, d'échecs sera le bienvenu pour les séparer. Et lorsque le père arrive, inutile de lui demander de se fâcher. S'il pouvait plutôt dire : « Les enfants, je sais que votre mère est épuisée, je l'emmène au cinéma, une baby-sitter va vous garder... » À cet âge-là, on n'aime pas trop les soirées sans les parents. Mais leur présence se mérite, telle est la morale !

Fabien, le tyran maternel

Fabien est un beau petit garçon de 9 ans qui dessine tranquillement devant moi.

« Ne vous fiez pas à l'eau qui dort, docteur. Fabien est toujours sage quand il est avec les autres. Mais à la maison, c'est l'enfer ! Il ne veut pas faire son travail de classe ; il ne veut pas ranger sa chambre ; il hurle si j'éteins la télévision ; il fait des colères terribles pour avoir la console vidéo dont j'ai conditionné l'accès à de bons résultats.

– Et comment réagissez-vous à tant de résistance ?

– Eh bien, docteur, comment voulez-vous que je fasse ? Mon mari laisse tout faire. Il voyage beaucoup et, lorsqu'il est là, il ne veut pas se fâcher. Aussi, je suis bien seule pour essayer d'avoir de l'autorité.

– Et comment faites-vous ?

– Eh bien, je crie, mais cela ne sert à rien. Je reconnais que je m'énerve.

– Cela veut dire que vous donnez des fessées ?

– Évidemment...

– Une par jour, une par semaine ?

– Plutôt une par semaine. »

L'AGRESSIVITÉ RAISONNÉE

Et Fabien de préciser : « Ah non, ça c'est pas vrai, c'est tous les jours ! »

Le père intervient : « Oui. Moi je n'aime pas ça, ma femme est trop rigide, elle a été conditionnée par une éducation où elle recevait des fessées. Ses parents sont assez froids et je trouve qu'elle reproduit la même chose avec notre enfant. Excuse-moi, chérie, mais tu sais que nous en parlons souvent.

– Oui, mais d'autant plus que je me sens vraiment toute seule sur le plan de l'autorité ; et une bonne fessée, c'est souvent nécessaire.

– Remarquez que c'est peu efficace puisqu'il recommence.

– Oui, c'est vrai, ce n'est efficace que sur-le-champ.

– Savez-vous que les enfants deviennent d'autant plus menteurs et sournois qu'on leur donne des fessées, et que, bientôt, il vous répondra "Même pas mal !" ?

– Peut-être, docteur... Mais alors, dites à mon mari que c'est à lui d'être plus présent et d'avoir de l'autorité. »

Pendant cette conversation, Fabien a quitté sa chaise pour s'installer sur les genoux de son père et il nous écoute attentivement. Visiblement, entre ces deux-là, la relation est bonne. Alors je précise aux parents :

« On ne change pas sa personnalité. Si le registre du père, c'est le jeu et la confiance, il n'a pas à changer. Mais par contre, Monsieur, si vous montriez à Fabien que sa mère est avant tout votre femme, et que vous voulez la protéger de cette agressivité, si vous l'emmeniez le soir au cinéma en appelant une jeune fille ou une grand-mère pour le garder, Fabien retrouverait plus facilement sa place d'enfant, au lieu de jouer les tyrans maternels. C'est donc plus auprès de votre femme que vous devez retrouver votre rôle. Par contre, Madame, je vous conseille d'arrêter les fessées et les cris, et vous verrez petit à petit Fabien reprendre confiance, avec des rapports plus positifs entre vous. »

Daniel, l'enragé

Daniel a 9 ans et souffre de difficultés d'apprentissage scolaire. Il est en classe d'adaptation, mais cela ne se passe pas bien. Les parents me sont adressés par le médecin de la PMI, qui voudrait les convaincre d'hospitaliser Daniel en pédopsychiatrie. La mère proteste, au bord des larmes, le père prend aussi la parole, pour dire leur désarroi.

« Docteur, nous ne voulons pas le mettre à l'hôpital ! Même si nous ne savons pas comment faire à la maison. Daniel est très violent.

– Il poursuit sa mère avec un couteau. Il pourrait lui faire mal, vous savez.

– Quand je lui dis de faire son travail, il me dit qu'il est nul et qu'il voudrait mourir.

– Il a des crises de colère épouvantables et donne des coups de pied à sa mère. Lorsque moi, son père, j'essaie de le maîtriser, je me dis que je ne pourrai bientôt plus y parvenir, car il grandit vite. »

L'AGRESSIVITÉ RAISONNÉE

Et la mère menace plaintivement l'enfant : « Si tu continues d'être violent comme ça, nous serons bien obligés de te mettre à l'hôpital, Daniel ! »

Pendant la conversation, Daniel prend la poupée du cabinet et tourne en rond dans mon bureau. Il va vers le cordon de rideau et étrangle la poupée. Les parents ne le remarquent pas.

« Il paraît terriblement révolté, votre enfant, ne croyez-vous pas ?

– Voilà, docteur, il est enragé !

– Mais contre quoi, à votre avis ?

– Je ne sais pas ! Vous savez, docteur, nous sommes très gentils avec notre fils.

– Je sais que vous l'aimez. Mais ne souffre-t-il pas de difficultés pour apprendre à l'école ? »

Daniel cesse de torturer la poupée et se rapproche du bureau.

« Oh ça, oui ! Il faudrait qu'il fasse un effort.

– Mais peut-être qu'il ne peut pas le faire, cet effort. Il voudrait bien vous faire honneur, mais il ne peut pas. »

Daniel s'est assis calmement à côté de son père et m'écoute attentivement.

« Oui, c'est ça, docteur, je crois qu'il ne peut pas. Mais comment nous allons faire, nous, pour lui apprendre un métier ? Pour qu'il devienne grand ? C'est pour son bien, voilà ce que je ne cesse de lui expliquer.

– Mais vous le faites souffrir puisqu'il n'a pas la solution. Alors il vous en veut et devient agressif...

– C'est ça. Mais alors, comment faire ?

– Il faudrait d'abord comprendre pourquoi Daniel n'arrive pas à apprendre suffisamment à l'école, ce qui se passe dans son cerveau.

– Il n'arrive pas à se concentrer.

– Il n'a pas une maladie de concentration, Madame. Regardez, Daniel nous écoute très bien. Quand on parle de lui et que cela l'intéresse, il est tout à fait capable de se concentrer.

– C'est vrai, là il est calme, mais c'est parce que nous sommes avec vous.

– Non, ce n'est pas parce vous êtes avec moi, c'est parce que nous parlons de lui, vraiment. N'est-ce pas, Daniel ? »

Daniel hoche la tête et attend la suite avec un grand intérêt.

« Il faudrait comprendre ce qui s'est passé dans le cerveau de Daniel pour qu'il apprenne difficilement. Et pour ça, il faudrait faire un bilan, des examens... et lorsque nous aurons compris, nous saurons quelle méthode utiliser pour l'aider à progresser. Un enfant est toujours bon en quelque chose. »

Daniel est détendu, souriant. Pendant la conversation, il m'a dessinée avec beaucoup d'observation et m'offre son dessin.

« Aller à l'hôpital, Daniel, ce n'est pas une punition parce que tu es violent. C'est pour comprendre pourquoi tu n'arrives pas à apprendre, et quelle méthode il faut utiliser pour que tu puisses apprendre. Parce que je suis sûre que tu as envie de faire des progrès. »

Il opine du bonnet. La lettre est faite pour le service de pédopsychiatrie, mais il me faudra revoir la mère car son angoisse est loin d'être apaisée, alors que Daniel, lui, est soulagé.

Charles, le petit prince en colère

Charles est habillé comme un petit lord. Il dit poliment bonjour sur l'injonction de sa mère, mais avec quelque chose de malicieusement insolent dans le regard.

« Docteur, Charles me fait honte dès la sortie de l'école. Je vais moi-même le chercher et il me parle très durement devant ses copains, comme s'il voulait que je ne sois pas là. Pourtant, à 8 ans, c'est bien normal d'aller chercher son fils à l'école ! On dirait qu'il ne veut pas me voir devant ses camarades.

– Alors que vous vous faites une grande joie d'aller le chercher ?

– Bien sûr, vous pensez : c'est mon fils unique, et je n'imaginais pas qu'un enfant puisse être aussi dur, dès cet âge-là, avec sa mère. Sur le trajet de l'école, c'est comme s'il se vengeait que je sois venue le chercher. Il me dit des mots terriblement grossiers, et hier, il m'a même enfoncé son coude pointu dans les côtes. J'en ai encore mal !

– Et comment se passe la fin de l'après-midi ?

– Il m'insulte lorsque je veux lui faire faire son travail.

– Et pourquoi ne le laissez-vous pas faire ses devoirs seul ?

– Parce que si je ne m'en occupe pas, ses notes vont baisser ! Et je veux lui donner toutes ses chances dans la vie !

– Et que dit son père ?

– Il dit que c'est de ma faute, parce que j'énerve mon fils, parce que je lui en demande trop.

– Vous le voulez parfait ?

– Parfait, non, mais quand on n'a qu'un enfant (et je ne pourrai pas en avoir d'autre), c'est normal de vouloir qu'il soit bien élevé et de lui consacrer du temps. En tout cas, c'est l'idée que j'avais avant d'avoir Charles.

– Mais par ce projet éducatif très fort, Charles n'a-t-il pas compris qu'il avait tout pouvoir sur vous ? Il suffit qu'il échappe un tant soit peu à vos projets pour que vous soyez démoralisée.

– Exactement ! Mais je ne vais pas le laisser pousser comme un petit sauvageon qui insulte sa mère !

– Oui, mais pour l'instant, c'est le résultat. Vous lui faites la morale et ça n'a aucun effet.

– Tout à fait ! J'aimerais bien que mon mari s'en occupe, mais il ne veut pas le gronder en rentrant.

– Charles n'aurait-il pas surtout besoin de voir que votre mari s'occupe de vous ? Ne faudrait-il pas que vous ayez une vie en dehors de Charles ? Lorsqu'il est désagréable, pourriez-vous appeler une baby-sitter de secours qui vous permette de vous extraire immédiatement de la situation pour voir votre mari, une amie, faire une boutique... vous faire du bien ? Alors Charles commencerait à vous respecter parce que vous ne vivriez pas que pour lui. Il lui faudrait mériter votre présence. »

Lorsque je reçois Charles seul, il me dit aimer sa mère et son père, ne pas avoir envie « d'autres parents », mais il étouffe sous les attentions maternelles et rêve précocement d'indépendance...

Mes recommandations seront très difficiles à suivre car la mère, tout en protestant, continue de vouloir le petit prince de ses fantasmes, au prix de cette position de souffre-douleur. Et le père, appelé en renfort, préfère rester tard à son travail plutôt que venir faire la paix entre les deux protagonistes. Il faudra des mois, en le mobilisant plus dans l'attention qu'il peut porter à son épouse que dans la sévérité qu'on lui suggère pour son fils, pour qu'il redonne vie à la femme plus qu'à la mère, et que Charles prenne moins de plaisir à abuser de son pouvoir sur elle.

10

L'adolescence

L'adolescence est bien sûr une période de turbulence car, sortant de sa chrysalide, l'adolescent n'aime pas son corps en mutation. Il doit se former en tant que nouvel individu. Pour cela, il rejette en apparence ses parents avec des mots extrêmement durs, quand ce ne sont pas des conduites d'opposition, difficiles à supporter pour eux. C'est donc l'âge de tous les dangers, celui où le travail éducatif des périodes précédentes va se traduire par des comportements extrêmes si des fautes, non-respect de l'enfant et climat de violence contre sa personne, ont été lourdement commises.

Car l'adolescence va réactiver la pulsion vitale contre les parents puisque, pour devenir adulte, l'enfant doit maintenant se trouver une identification propre. Comme disait Nicolas à sa mère qui voulait le diriger vers des études conformes à ses projets : « Tu vois, maintenant, maman, nous avons deux cerveaux ! » En effet, vous avez un projet plus ou moins conscient pour votre enfant. Mais lui doit sortir de son cocon pour devenir une personne à part entière. Pour commencer, il va s'opposer à vous de façon globale même si, au fond de lui-même, il est d'accord sur un grand nombre de vos réflexions.

Si vous l'avez élevé avec respect et sans violence, votre enfant, bien construit, s'évade certes de sa chrysalide et de votre emprise, mais pour retrouver d'autres enfants équilibrés, qu'il choisit comme camarades. Si, par contre, vous avez fait violence à sa personnalité lorsqu'il était tout petit, si vous l'avez fait vivre sous le carcan de vos désirs personnels, il risque de choisir des bandes de pairs qui ont connu eux-mêmes une violence, psychique ou physique, dans leur propre foyer. Et malgré votre moralisation, vous aurez du mal à l'attirer vers des camarades plus positifs et plus équilibrés.

La part des hormones

Les modifications hormonales de la puberté entraînent une transformation progressive du caractère de votre enfant.

Votre garçon est sous l'emprise des émotions : sa voix qui mue, sa pilosité naissante, sa taille encombrante et ses pulsions sexuelles le poussent à rechercher la compagnie des jeunes filles, tout en étant sous l'emprise d'une grande timidité. Il ne voit pas l'aide que vous, en tant que parents, pourriez lui apporter sur ce chemin nouveau, terriblement personnel, dont il ne connaît pas bien les codes. Aussi, inconsciemment, vous en veut-il de ne pas pouvoir le comprendre, il lui semble que vous le détestez avec son nouveau corps. Il le cache sous des tenues qui sont elles-mêmes une agression à votre regard. Plus vous aimez qu'il rentre sa chemise dans son pantalon, plus il la sortira. Plus vous le voudriez avec un jean bien coupé, plus il en portera un trop large et trop long, signifiant ainsi au groupe de ses camarades qu'il ose agresser ses parents et s'en démarquer, tout en cachant ce corps dont les transformations l'encombrent.

Parallèlement, votre fille verra ses seins pousser et ne supportera pas que l'on y fasse la moindre allusion. Il faut, par exemple, que les pères bannissent l'expression « Tu as les tétons qui poussent », qui mortifie tant de jeunes filles. La survenue des règles l'agresse dans la mesure où cela signifie le début de la fécondité alors que, socialement, elle n'est pas du tout mûre pour devenir mère. Mal à l'aise dans son nouveau corps, la jeune fille agressera aussi ses parents par des tenues qui ne correspondent pas à leurs critères sociaux ni esthétiques, et celle-là même qui jouait avec des poupées mannequins s'habillera maintenant avec des tenues unisexes – jean, tee-shirt et chaussures plates – ou deviendra tout à fait provocante – cheveux rouges et vernis à ongles bleu – de façon à vous irriter. Tous les moyens sont bons pour affirmer qu'elle existe en tant que nouvelle personne sur cette terre.

C'est une véritable haine de leur corps qui tourmente certains adolescents. Les parties nettement sexualisées – seins, fesses, hanches – sont rejetées. L'acné entraîne un malaise et fait passer des heures devant la glace. Le poids et la taille peuvent être l'objet de critiques dirigées vers soi-même, qui prennent un caractère obsédant. Alors l'adolescent multiplie toutes sortes d'attaques envers son corps : piercing, anorexie ou boulimie, tatouages et vêtements difformes.

Les jeunes se sentent seuls dans un monde adulte qu'ils jugent dégradé et irresponsable. Par esprit de fatalité et de défaitisme, les adultes ne réagissent pas et, aux yeux des jeunes, les policiers ne font pas leur travail. Ils laissent faire, ils ont peur. Injustice, absence de répression, témoins adultes inactifs, les petits qui provoquent, les groupes et les bandes qui attaquent plus facilement…, pour un jeune, on ne peut rien attendre de l'environnement parental et social.

Qu'est-ce qui agresse un jeune ? Autant un regard jugé haineux, des paroles ressenties comme blessantes que, des actes physiques. Le jeune pense que, lors d'une rixe, son corps blessé cicatrisera plus vite que son psychisme, agressé par l'insulte verbale ou la honte.

Luana et son piercing

Comment sa fille a pu « lui faire ça » ? se demande le père de Luana quand, l'été venu, il la découvre en maillot de bain, un anneau au nombril. Il reconnaît avoir explosé de colère, ne voulant plus sortir avec elle à la plage pendant deux jours. Et puis, il s'est calmé : séparé de son « ex », il ne voit l'adolescente qu'aux vacances, en dehors de quelques week-ends volés aux copains et copines dans l'année... Mais il m'appelle pour me demander si elle « ne va pas mal tourner », à choisir des us et coutumes qui lui paraissent marginales.

Je connais bien Luana. Elle n'a jamais accepté le divorce de ses parents, vécu comme une trahison qu'elle aurait voulue, m'a-t-elle dit, « crier au monde entier ». Depuis, elle s'est repliée dans une recherche d'elle-même, un narcissisme exacerbé par l'adolescence.

« Pourquoi m'ont-ils fait ça ? Je ne leur ai pas paru assez intéressante pour qu'ils se forcent à rester ensemble, au moins pour moi ? » m'a-t-elle souvent dit.

Et lorsque sa mère lui reprochait sa dureté envers son jeune frère, qualifié de « nul », elle m'expliquait : « À quoi bon être gentil avec les autres ? Ils ne le sont pas avec moi. »

Et je sentais qu'elle s'endurcissait pour ne pas souffrir...

Alors j'expliquai au père : « Le piercing, ça fait mal ! Au nombril, c'est particulièrement douloureux. Mais votre fille est devenue nombriliste ; elle vous dit ainsi : « Voilà, c'est moi ! » à l'endroit le plus régressif, celui du cordon ombilical. Pour que vous lui disiez que vous aussi vous avez souffert, et que vous lui racontiez vos chagrins, au moment de la séparation. » Revenir en arrière, trouver du temps pour elle, voilà ce qui fera de son anneau une alliance avec ses parents plutôt qu'une provocation...

La quête d'un nouveau soi

La quête d'une nouvelle identité suppose des recherches personnelles. L'adolescent vous agresse pour voir vos réactions et découvrir petit à petit qui il (ou elle) est, en fonction de ses rapports avec vous. C'est pourquoi le rôle des parents est subtil à cet âge, mais ne consiste pas à fuir l'agressivité de l'adolescent car, alors, elle irait en augmentant :

– si l'adolescent trouve une réponse dès ses premières agressions, en particulier verbales, envers vous, il pourra continuer sur un registre modéré, étant sûr de vous voir réagir de façon logique et constructive.

– si par contre vous fuyez, si vous le laissez lui-même fuir pour éviter de trop vous attaquer, en fréquentant plutôt sa bande de copains, alors vous ne l'aiderez pas à se forger autrement que par l'imitation de ses pairs ou par des rapports extrêmes avec eux de dominants-dominés.

Mieux vaut donc, à cette période, être très présent. Il n'est pas question d'être le souffre-douleur des attaques de votre adolescent, mais de lui renvoyer une image de parents attentifs, qui réagissent, sans violence, dans le respect de ce qu'il cherche à travers ses insolences, mais qui sont toujours sensibles à sa personnalité profonde. C'est parce que vous êtes là, c'est parce que vous lui renvoyez une image positive de lui-même, malgré son agressivité – tout en montrant que vous existez vous-mêmes, avec la vôtre – que votre adolescent vous respectera et, à travers vous, continuera de se respecter.

L'échec scolaire

Malheureusement, en France, beaucoup d'adolescents se trouvent en situation d'échec scolaire. C'est un véritable problème de santé publique. Bien sûr, ils ont continué cahin-caha une scolarité au cours de laquelle les mots redoublement et exclusion ont souvent été prononcés mais rarement appliqués. Il y a une sorte d'hypocrisie à vouloir imposer le même cursus scolaire à tout le monde, et l'on dénonce aujourd'hui la déscolarisation de l'intérieur de nombreux adolescents qui ne font plus que de la figuration à l'école, car ils sont déjà orientés sournoisement vers des filières qui leur paraissent des voies d'exclusion. Ils le savent, mais cette échéance est repoussée le plus tard possible et, donc, ils souffrent d'un sentiment d'échec chronique. Ainsi l'on peut dénoncer une violence de l'école faite à ces enfants qui sont obligés d'y rester enfermés, alors qu'ils ont l'impression d'avoir perdu leurs chances et le contact avec leur professeur. Un excellent article du *Monde diplomatique*[1] dénonce ces violences exercées par ceux qui définissent les finalités de l'école : on donne accès aux enfants, particulièrement à ceux des couches populaires, à quelque chose dont on a transformé la valeur, on masque cette transformation en agissant sur les seuls indicateurs officiellement disponibles : notes, accès à un niveau, taux de redoublement. Au bout du compte, les élèves dont le comportement rend difficile l'appropriation collective des savoirs comprennent souvent qu'il s'agit moins pour eux d'acquérir des connaissances scolaires que de rester dans l'école. Ainsi, l'illusion promotionnelle rend-elle l'école détestable aux yeux de ceux qui attendent d'elle ce qu'elle ne peut pas leur fournir : un travail, une place dans la société, une identité sociale. Selon Alain Fin-

---

1. « Violence à l'école, violence de l'école », 2 octobre 2000.

kielkraut, « les mêmes qui s'indignent contre l'idée de laisser entrer la police dans les établissements scolaires en rappelant que l'école est un sanctuaire veulent à toute force désanctuariser l'école et l'ouvrir sur la vie. Or la vie, c'est aussi la loi du plus fort et face à cette loi, la police peut se révéler indispensable. » Ainsi l'échec scolaire est-il une terrible machine à fabriquer la violence chez les adolescents, échec scolaire affiché ou échec scolaire ressenti par l'adolescent, par rapport aux attentes du système comme de ses parents.

Le seul registre grâce auquel ils peuvent briller devant leurs congénères est alors celui de l'agressivité. Voilà l'une des raisons fortes pour lesquelles on voit monter une atmosphère de violence physique et verbale dans les collèges, contre les professeurs, mais aussi entre élèves, violence qui va de plus en plus souvent jusqu'aux violences sexuelles.

L'échec scolaire en lui-même, l'échec pédagogique et l'échec des orientations expliquent une grande partie des motivations des jeunes à la démission et à la rupture. La méconnaissance par l'école des troubles spécifiques d'apprentissage – dysphasie, dyslexie, dyscalculie, précocité intellectuelle – et des données de leur dépistage et de leur traitement, l'intolérance devant les troubles moteurs et psychomoteurs (hyperactivité motrice, troubles de l'attention et de concentration) expliquent aussi en grande partie le malentendu scolaire actuel. Tout enfant ne peut pas « entrer dans le moule ». Mais il faut reconnaître que l'école, primaire, secondaire et professionnelle, doit faire face à une diversité ethnique et socioculturelle d'une grande richesse mais inconfortable pour la mission éducative. L'erreur de l'école française est certainement de ne pas proclamer une vocation réaliste, une responsabilité pédagogique dont le rôle serait de dépister les qualités des élèves autant que leurs défauts, de chercher en quoi un jeune est bon et d'établir avec lui un contrat de valorisation de ses dons. Il faut cesser la pédagogie de l'échec pour se tourner vers une pédagogie de la réussite, de la valorisation, pouvant au mieux construire une responsabilité sociale et civique à laquelle adhérera le jeune lui-même dans sa propre société.

La solitude

Le sentiment de solitude est extrême chez l'adolescent, accompagné d'un repli sur soi. Les adolescents qui en sont affectés se contentent de faire le minimum vital pour être acceptés aussi bien à l'école qu'à la maison. Ils ne paraissent pas intéressés par la vie de famille ni par celle de leurs camarades. Leur humeur est changeante et peut osciller entre des pics d'euphorie et des états sarcastiques qui vous paraissent insupportables.

En même temps, l'adolescent, facilement abattu, mal dans son corps et dans sa vie scolaire et psychique, a tendance à se replier sur lui-même. Les garçons s'enferment volontiers sur leur ordinateur, n'ayant plus d'appétence ni pour le sport, ni pour les amis, ni pour le travail scolaire. Les filles ont tendance à s'isoler dans l'embonpoint et devant la télévision. Cette solitude s'exerce aussi vis-à-vis de la famille, l'enfant ne voulant plus participer à ses repas et s'enfermant dans sa chambre. Si ce repli dure plusieurs semaines, s'il s'accompagne de pleurs, d'une baisse des résultats scolaires et de troubles importants du poids, il faut consulter un pédopsychiatre. Il est souvent difficile de convaincre l'adolescent de consulter, mais il faut lui faire comprendre qu'être heureux, c'est avoir du goût à son travail et un intérêt pour les autres. Lorsque ces deux pans de la personnalité, travail et amour, sont atteints, il faut se faire aider par ces « docteurs des soucis » que sont les psychologues et les psychiatres. L'adolescent vous dira souvent : « Je n'ai rien à lui dire ». Il sera alors judicieux de lui expliquer qu'il doit justement consulter et dire qu'il ne sait pas comment parler. C'est au spécialiste de libérer la parole en faisant alliance avec le jeune.

L'agressivité contre soi-même

L'adolescent a tendance à retourner son agressivité contre lui-même pour épargner ses proches. Il peut aller très loin dans cette démarche. Ainsi en sont la preuve les jeux limites dans les écoles, comme le « jeu du foulard » que nous avons déjà décrit. Début de strangulation pour expérimenter une prétendue extase aux frontières de la mort, il a fait au moins neuf victimes âgées de 12 à 15 ans en France en l'an 2000, des enfants totalement inconscients des risques auxquels ils s'étaient exposés. Ces comportements peuvent être classés dans ce qu'on nomme « les conduites à risque » Dans leur phase de remise en cause de la société adulte, dans cette opposition dont le but est de leur permettre de s'affirmer en tant que personnes autonomes, eu égard aux liens de dépendance qu'ils ont eus jusque-là avec leurs parents, les adolescents s'imposent ainsi des épreuves à visée initiatique en vue de pouvoir intégrer le groupe, d'y être reconnus, sur la base du discours qu'ils pourront rapporter en racontant les moments d'extase et les hallucinations qu'ils auront ainsi vécus. Les adolescents d'aujourd'hui se prêtent donc au « jeu du foulard » comme à un rituel initiatique, afin d'être acceptés par leur bande de copains. Si votre enfant vous rapporte que de telles pratiques ont cours dans sa bande d'amis, il est important non seulement de le sensibiliser lui-même à la vanité de ces jeux et à l'emprise qu'ils révèlent de ses camarades sur lui, mais également de demander aux professeurs de réunir le groupe, car une campagne de sensibilisation doit agir sur les leaders. Le « jeu du foulard » semble en effet se substituer au bizutage qui existait à l'entrée dans les écoles, avant que l'État n'y mette le holà et ne condamne de tels actes. Toute connaissance de cette pratique devrait inciter à mener une enquête auprès des amis, des groupes de jeunes fréquentés par la victime car, n'hésitons pas à le redire, ce jeu a déjà entraîné la mort de plusieurs enfants.

La tendance chez les filles est d'exprimer leur révolte en retournant la violence contre elles-mêmes par la destruction de leur propre corps, voire de leur propre vie. Les troubles de la conduite alimentaire sont une autre forme de violence faite à soi-même. L'anorexie mentale des jeunes filles est en augmentation incessante. Ces jeunes filles qui disent « avoir un verrou dans la tête » ne peuvent plus s'alimenter normalement et se veulent surpuissantes, inconsciemment, dans leur capacité de s'interdire l'alimentation. Je constate, par ma propre expérience, que chez l'anorexique le refus de devenir femme est généralement le facteur déclenchant. Les règles s'arrêtent avant la perte de poids, signal que l'adolescente ne veut pas accéder à la fécondité procréative. Il y a souvent, chez les anorexiques, un modèle maternel de vie douloureuse qui entraîne chez la jeune fille une peur de devenir femme.

Le rôle du père

On a beaucoup dit que la violence des adolescents était due à la démission des pères ou à leur absence du foyer. Pour aider l'adolescent à transformer sa violence en énergie constructive, le père joue en effet un rôle fondamental. Il doit :

– respecter son enfant adolescent, donc ne pas se laisser tenter par un autoritarisme fondé sur la sévérité, voire les coups, mais, au contraire, se doter d'une autorité sereine, d'autant mieux acceptée que l'enfant reconnaîtra comme justes les limites qui lui seront fixées par son père ;

– respecter la mère. Que le couple parental soit uni ou séparé, le respect manifesté par le père envers la mère (et réciproquement bien sûr), aide l'adolescent à trouver sa propre personnalité sans jouer des conflits parentaux. On ne dira jamais assez combien les phrases d'admiration mutuelle des parents sont les meilleures garanties du respect que peut leur porter leur enfant. Cette solidarité est particulièrement nécessaire lorsqu'il essaie lui-même de devenir adulte en s'opposant à eux.

11

L'agressivité et la séparation parentale

Dès le plus jeune âge, la séparation du couple favorise l'agressivité de l'enfant. Plus personne ne vient faire écran à sa totipotence sur sa mère, aussi peut-il jouer les tyrans domestiques. La télécommande me semble en être un symbole, sceptre du pouvoir qui passe des mains du père, lorsque la famille est complète, à celle de l'enfant dans une famille monoparentale, la mère se l'octroyant seulement lorsque l'enfant est couché…

Ainsi, lorsque les parents sont séparés, l'enfant prend-il le pouvoir. Ses parents sont culpabilisés, ont peur de le traumatiser en lui fixant des limites et rivalisent pour conserver son amour. Aussi auront-ils tendance à céder beaucoup plus facilement à ses désirs, qu'il soit avec l'un ou avec l'autre. On voit les pères en charge des enfants le week-end les laisser se coucher tard, les emmener au restaurant, au cinéma et leur offrir tous les gadgets possibles, voulant rattraper, dans le peu de temps qu'ils les ont, le manque de complicité quotidienne.

Dès lors, les enfants prennent l'ascendant sur leurs parents et leur agressivité en est d'autant plus violente. Lorsqu'un enfant répond mal à sa mère, personne n'est là pour lui dire : « Ne parle pas comme ça à ta maman ! » Il peut se rouler par terre, la mère ne sortira pas bras dessus, bras dessous avec le père pour respirer. Ou alors ce sera avec un nouveau compagnon qui n'aura pas acquis sa légitimité auprès de l'enfant, multipliant encore sa rage et sa violence. Il est donc évident que la séparation parentale favorise l'agressivité des enfants, qui la ressentent comme une atteinte cruelle à leur unicité. Ils transforment leur révolte en cruauté vers le monde extérieur et deviennent souvent imperméables à la souffrance des autres.

Bien sûr, tous les enfants de parents séparés ne deviennent pas agressifs, mais j'ai pu constater, professionnellement, combien ils s'endurcissent. Ils se forgent alors l'idée que le monde des adultes et les rapports entre humains sont bien cruels et illogiques, puisque deux êtres se sont réunis et aimés au point de désirer un enfant et de le mettre au monde, puis se déchirent en se reniant totalement. En effet, c'est malheureusement le comportement le plus fréquent que l'on observe dans les séparations.

Les bonnes attitudes

Il faut consacrer tous vos efforts à la substitution du couple parental au couple conjugal, couple parental où l'amour initial est remplacé par une nouvelle forme d'amour : affection, tendresse, amitié… Nombreuses sont les variantes de la gamme des sentiments d'amour. L'enfant pourra alors garder sa place d'enfant, et ne pas exprimer son sentiment d'avoir été trahi par une agressivité contre ses parents, puis contre autrui, puis contre lui-même.

Christophe, l'enfant cochon

Christophe vient avec son père et sa belle-mère, qui ouvre aussitôt son trop-plein de ressentiments :

« Docteur, je n'en peux plus. Quand il vient le week-end, son père est heureux de le voir, mais c'est très difficile. Il est visiblement jaloux de notre bébé, mais surtout, il manque totalement d'éducation. »

Le père illustre le propos :

« Vous comprenez, sa mère le laisse tout faire… Résultat : chez nous, il a un comportement affreusement négligé, il salit tout, un vrai cochon ! Les toilettes sont dans un état innommable quand il y est passé.

— Comment réagissez-vous ?
— J'ai tout essayé, la morale, les fessées, il est de plus en plus sale et menteur ! Il dit que ce n'est pas lui...
— En avez-vous parlé à sa mère ?
— Oui, et elle me dit qu'il ne fait pas cela chez elle.
— Mais, chez elle, elle lui passe tout, renchérit la belle-mère.
— Qu'est-ce que cela veut dire ?
— Cela veut dire que, quand on le laisse faire absolument ce qu'il veut, il ne salit pas.
— Donc, s'il salit, c'est par protestation contre les limites que vous voulez mettre en ne lui "passant pas tout" ?
— Oui, peut-être, docteur... mais il faut quand même qu'il soit bien élevé !
— Mais, est-ce à vous, sa belle-mère, de l'élever ? Comme vous voyez, cela ne marche pas. À ce moment-là il se révolte et il "vous emmerde", jusqu'aux toilettes souillées...
— Voulez-vous dire que je devrais lui passer tous ses caprices pour qu'il ne salisse pas ?
— Vous avez déjà fort à faire avec votre bébé... C'est là votre mission éducative. Quant à Christophe, c'est l'enfant de l'autre, votre compagnon, et votre rôle est simplement de le respecter.
— Mais il faut qu'il me respecte moi-même, c'est ce que j'ai dit à son père !
— S'il sent que vous vous intéressez à lui autrement que pour le dresser ou reprendre son éducation, il aura sans doute d'autres

rapports avec vous. Ce n'est pas un enfant qui salit, puisque chez sa mère il ne le fait pas. C'est un enfant qui proteste. Il faut donc que nous cherchions contre quoi il proteste. »

Le père commence à m'ouvrir les clés de la révolte de son fils :

« De toute façon, sa mère le monte contre nous, car elle n'a pas accepté que je la quitte. »

La souffrance de la mère, voilà certainement la raison de la protestation et la raison pour laquelle la belle-mère ne peut pas essayer d'éduquer Christophe à sa façon. Elle n'a aucune chance de réussir.

« Pourquoi ne diriez-vous pas à Christophe que vous imaginez sa peine ? Et que vous comprenez sa maman ? À ce moment-là, je pense qu'il cessera de salir. Vous comprenez, n'est-ce pas, que sa maman ait eu du chagrin ?

– Oui, se défend la belle-mère, mais je n'y suis pour rien. Ce n'est pas mon histoire, je suis arrivée après.

– Oui, mais vous êtes celle qui est heureuse avec son père, ce dont souffre sa mère. Et pour Christophe, ce n'est pas juste. Il faut lui dire que vous comprenez qu'il puisse ressentir cette peine. Alors il n'aura plus envie de vous salir.

– Ce serait d'une certaine façon critiquer mon mari ! Je n'ai pas envie de donner raison à son "ex".

– Les enfants comprennent très bien que la vie est complexe et que l'on ne fait pas toujours ce que l'on voudrait. Il comprendra que son père a eu une histoire qu'il a gérée à sa façon. Christophe le comprendra d'autant mieux que vous comprendrez aussi les souffrances de sa maman. Et il pourra les exprimer avec des mots au lieu de les exprimer en salissant votre environnement... »

La femme semble perplexe, mais je reverrai Christophe : il vient plus volontiers chez son père et n'a plus sali l'appartement.

Conclusion :
l'agressivité maîtrisée

Nous avons vu combien la violence et les pulsions agressives étaient indispensables à la vitalité de l'être humain. Toute l'éducation consiste à canaliser cette énergie vitale vers une force positive pour les relations avec autrui, créatrice pour le travail, permettant à l'enfant devenant adulte d'acquérir un métier, d'arriver à construire une famille, à procréer et à éduquer à son tour. Tel est le chemin de l'énergie vitale, et non l'agressivité qui consiste, par la violence, à détruire son environnement, à faire souffrir ses parents, ses camarades, puis sa femme... et ses propres enfants, dans une chaîne infernale !

Aimer un enfant, c'est l'élever, lui donner le goût de travailler et d'aimer les autres. Aujourd'hui notre société, qui oblige les adolescents à attendre interminablement une maturité sociale en décalage avec leur maturité physiologique, les met dans une position de défi, de déni qui peut les rendre violents. C'est en accordant à l'enfant une responsabilité progressive dans sa vie personnelle, corporelle, affective, familiale et culturelle, en protégeant sa santé et sa propre sécurité, en lui offrant des activités de loisir et des options valorisantes à l'école, qu'on lui permettra de diriger ses pulsions vitales vers un complet épanouissement de lui-même au service des autres.

Bibliographie

ANTIER Edwige, *Mon bébé parle bien,* Balland-Jacob Duvernet, Paris, 2000.
GREENSPAN Stanley, *Enfant difficile, enfant prometteur,* J.C. Lattès, Paris, 1996.
MAUREL Olivier, *La fessée*, Éditeur La Plage, 2001.
Le Monde, 25 septembre 2000.
Le Parisien, 21 novembre 2001.

Table des matières

Introduction 9

1. Certains fœtus déjà très actifs 13
   Plus ou moins remuant 13
   Plus ou moins stressé 14
   L'imaginaire parental 15

2. Le premier cri, victoire ou violence ? .. 17
   Violence ou appel ? 17
   Des bébés déjà si différents 19
   L'interprétation des parents 20
   Le poids des premiers mots 22

3. Les premières pulsions vitales (0-3 mois) 25
   Les premières tétées : un petit vampire.. 26
   Les coliques et les pleurs 29
   La dépendance...................................... 31

4. L'âge béni (3-9 mois) 35
   Le sourire, les éclats de rire, la découverte de soi 36

Les bras tendus : le prendre ?......... 38
Le jet d'objets............................... 39

5. Les premières provocations (9-18 mois) 43
   La naissance des interdits................ 43
   Les refus alimentaires 45
   Les troubles du sommeil 46

6. Mordre, pousser, frapper… ou bien parler (18 mois-3 ans)................................ 49
   De terribles colères........................ 50
   Voilà MOI !................................... 52
   Vous criez ?.................................. 53
   Les fessées.................................... 53
   Parler 56
   Jouer 60
   L'éducation peut-elle être non violente ?... 64
   À la crèche 70
   L'arrivée du deuxième bébé 76

7. Les gros mots (3-5 ans)................... 85
   La scatologie 85
   L'humour...................................... 88
   Toi, c'est toi, et nous, c'est nous 89
   Parler ni trop ni trop peu 93
   À l'école....................................... 94

8. Les garçons et les filles 101
   La télévision................................. 102
   Les jeux de garçons....................... 105
   Les jeux de filles 108

9. L'agressivité raisonnée (7-12 ans)...... 111
   La part normale d'agressivité......... 112
   Des sports pour se défouler ?......... 113

    Savoir se défendre 113
    Quand frères et sœurs se battent 116

10. L'adolescence....................................... 127
    La part des hormones 128
    La quête d'un nouveau soi 132
    L'échec scolaire...................................... 133
    La solitude.. 136
    L'agressivité contre soi-même 138

11. L'agressivité et la séparation parentale 141

Conclusion : l'agressivité maîtrisée 147

Bibliographie... 149

Vie de famille

Des repères pour bien vivre avec vos enfants

Edwide Antier, *L'agressivité*.
Sylvianne Bonnot-Matheron, *L'appétit*.
Hélène Brunschwig, *Le sommeil (octobre 2002)*.
Marie-Bernard Chicaud, *La confiance en soi*.
Danielle Dalloz, *La jalousie*.
Danielle Dalloz, *Le mensonge*.
Marie-Hélène Encrevé-Lamert, *La mort*.
Emmanuelle Rigon, *La propreté*.
Emmanuelle Rigon, *Le désordre*.
Catherine Saladin-Grizivatz, *L'autorité*.

*Cet ouvrage
a été transcodé
et achevé d'imprimer
sur Roto-Page
en août 2002
par l'Imprimerie Floch
53100 – Mayenne.*

*Dépôt légal : septembre 2002.
N° d'imprimeur : 54724.
N° d'éditeur : 2402.
Imprimé en France.*